Val Badia

Eccezionali Dolomiti

Eugen E. Hüsler

Download dei dati GPX

www.kompass.de/gpx

Download gratuito dei dati GPX di tutti gl
itinerari della guida (solo in lingua tedesc

AUTORE

Eugen E. Hüsler • nato a Zurigo nel 1944, vive dal 1983 in Alta Baviera ed ha pubblicato numerose guide turistiche, soprattutto sulla Svizzera e le regioni alpine. Hüsler non è una persona estrema ma un instancabile "esploratore" delle Alpi, con una spiccata tendenza a esplorare angoli e sentieri sperduti e itinerari "ferrosi". Fino ad oggi sono stati pubblicati oltre 100 libri di Hüsler, fra i quali alcune opere fondamentali.

Altre guide escursionistiche KOMPASS di Hüsler: 5711 Dolomiti 5 Val Pusteria, 5721 Dolomiti 7 Cortina d'Ampezzo, 5731 Dolomiti 6 Sesto, Alta Pusteria, 5713 Gruppo di Brenta.

PREMESSA

È già giornata tarda ed è anche autunno. Dopo una lunga gita siamo seduti un po' stanchi davanti il Rifugio Scotoni e godiamo il silenzio. La casa si trova già all'ombra, solo gli ultimi caldi raggi di sole pomeridiano raggiungono le pareti del Monte Piana. Le rocce s'illuminano, il grigio pallido passa a un rosso abbagliante davanti allo scuro firmamento. "Enrosadüra" è il nome ladino di questo spettacolo. Quest'ultima luce si spegne a poco a poco, le rocce tornano al loro colore pallido e le prime stelle luccicano nel cielo. È arrivata l'ora di tornare.

Le Dolomiti. La loro magia è intatta e da oltre 200 anni ammaliano la gente. Ognuno di loro desidera vivere questo paesaggio che Le Corbusier, grande maestro delle forme, un tempo denominò l'edificio più bello del mondo.

E continuano a esserlo anche nell'era di bit e fun, nonostante tutte le strade, gli impianti sciistici e le piste da sci. Ognuno deve vivere questo mondo di pietre per conto suo, passo dopo passo, prima in alto e poi di nuovo in basso. Come l'ho vissuto io, sempre accompagnato dalla mia Hildegard.

Auguro quindi a tutti gli escursionisti tante ore e giornate affascinanti nelle Dolomiti dell'Alta Badia!

CONTENUTO E PANORAMICA DELLE GITE

PROLOGO

Sera al Piz da Peres, vista su Tofana, Sas dla Crusc, Marmolada e Sella.

APPENDICE

km	ore	m	m	P								Carta
8.5	2.45	528	528	✓			✓	✓		✓	✓	51, 615
12	4.00	644	644	✓			✓	✓			✓	51, 615
7	4.15	800	800	✓			✓	✓				51, 615
12.5	5.30	1137	1137	✓	✓		✓	✓				51, 624
9.75	3.30	620	620	✓	✓		✓			✓	✓	51, 624
18.5	7.15	1290	1290	✓	✓		✓	✓			✓	51, 624
19	7.30	1300	1300	✓	✓		✓	✓			✓	51, 624
13	4.30	626	626	✓	✓		✓			✓	✓	651, 24
25.25	9.00	1450	1450	✓	✓		✓	✓			✓	51, 624
15	7.30	1333	1333	✓	✓		✓	✓				51, 624

Il Sass de Putia: pilastro impressionante delle Dolomiti.

CONTENUTO E PANORAMICA DELLE GITE

km	ore	m	m									Carta
13.25	4.15	650	650	✓	✓		✓				✓	51, 624
12	5.30	950	950	✓	✓		✓	✓			✓	51, 624
6	2.00	225	225	✓	✓		✓			✓	✓	51, 624
13	6.45	1335	1335	✓	✓		✓	✓			✓	51, 624
14.5	5.30	950	950	✓			✓				✓	51, 624
14.5	5.30	914	914	✓				✓				51, 624
10.75	5.00	806	806	✓				✓				51, 624
12	3.45	495	495	✓			✓				✓	51, 624
7.5	2.00	30	510	✓	✓	✓	✓				✓	51, 624
13.75	5.45	1100	1100	✓	✓	✓	✓	✓			✓	51, 624
11.25	3.15	400	400	✓	✓		✓				✓	51, 624
7	3.15	630	630	✓	✓		✓				✓	51, 624
14.75	5.45	1060	1060	✓		✓	✓				✓	51, 624
68.75	28.15	4048	3783	✓	✓	✓	✓	✓			✓	51, 624
16	4.45	660	660	✓			✓			✓	✓	51, 624
18.5	7.45	1360	1360	✓				✓				51, 624
21.25	7.45	1187	1187	✓			✓	✓				51, 624
10.25	4.15	766	766	✓			✓				✓	51, 624
10.5	3.45	591	591	✓			✓				✓	51, 624
12	3.45	145	1236	✓	✓	✓	✓	✓			✓	51, 624
8	4.45	833	833	✓	✓		✓	✓			✓	51, 624
3	1.45	294	294	✓	✓			✓				51, 624
11	4.00	520	520	✓	✓							51, 624
12.5	4.45	660	660	✓	✓			✓				51, 624
11.5	3.30	323	413	✓	✓	✓	✓	✓			✓	51, 624

CONTENUTO E PANORAMICA DELLE GITE

Il massiccio del Sella, la strada al Passo Gardena e le cime delle Odle.

km	ore	m	m									Carta
11	3.00	300	725	✓	✓	✓	✓				✓	51, 624
8.75	4.15	627	1025	✓	✓	✓	✓	✓			✓	51, 624
6.5	2.00	40	520	✓	✓		✓				✓	51, 624
14	5.00	620	1100	✓	✓		✓				✓	51, 624
15.75	6.00	660	1360	✓	✓		✓				✓	51, 624
4	2.30	471	471	✓	✓			✓			✓	51, 624
3	2.15	399	399	✓	✓			✓			✓	51, 624
8	4.15	464	945	✓	✓		✓				✓	51, 624
4	3.45	629	629	✓	✓		✓				✓	51, 624
7.25	5.30	1029	1029	✓	✓		✓	✓			✓	51, 624
10.75	5.45	844	1115	✓	✓		✓				✓	51, 624
12.5	6.45	1125	1007	✓	✓		✓	✓			✓	51, 624
4.25	2.45	395	719	✓	✓	✓		✓				51, 624
7.75	4.15	670	670	✓	✓	✓	✓	✓			✓	51, 624
7.5	3.00	341	62	✓	✓	✓	✓				✓	51, 624

Lungo il sentiero verso il Col di Lana, vista sulla Marmolada.

CARTINA GEOGRAFICA/PANORAMICA DELLA ZONA

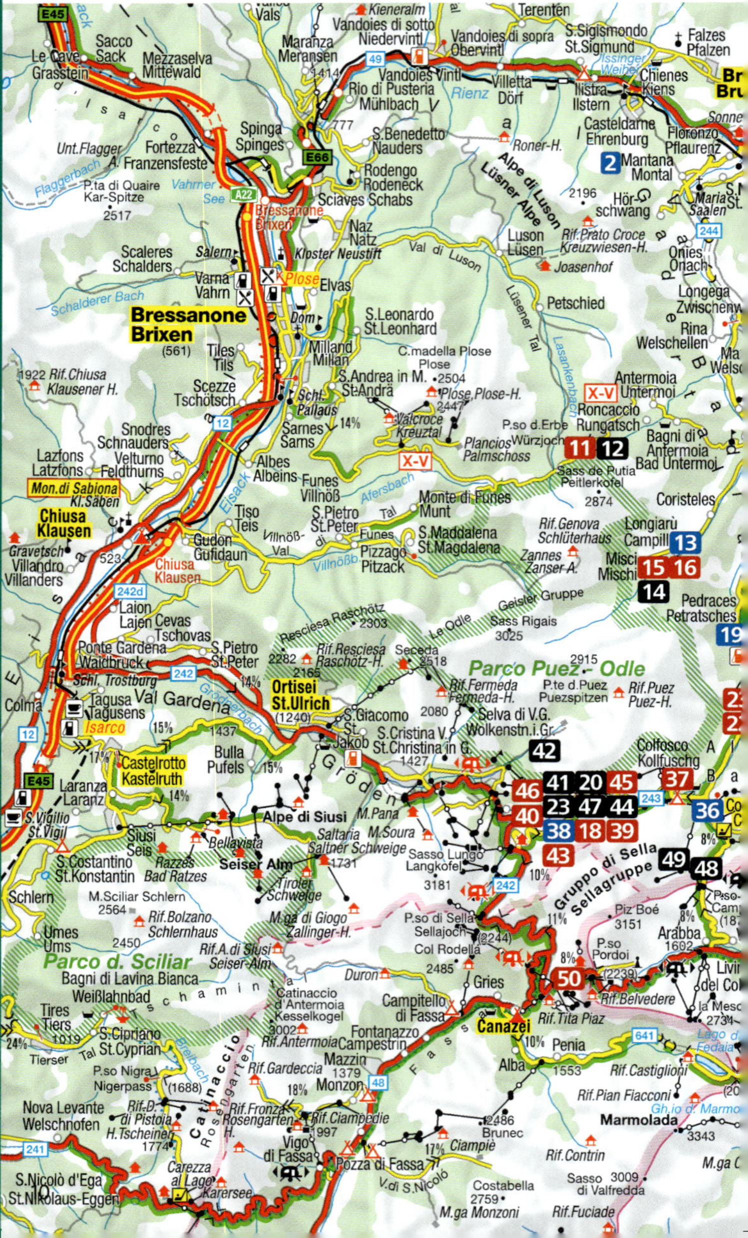

Riomolino
Mühlbach
Bagni di Riomolino
Mühlbach-Bad
Antholz-Mittertal
Villa Dörfl
2817
Croda Rossa
Rote Wand
Unterstalleralm
Riepensp.
2774
Gais
di Anterselva Sotto
Antholz Niedertal
M.ga Campobove
Ochsenfelder A.
S.ta Maddalena Vallalta
St.Magdalena i.G.
Cast.di Chela
Schl.Kehlburg
Rasun
Anterselva
Taistner A.
Villa St. Caterina
Aufhofen
Volkskundemuseum
Teodone
Dietenheim
Vila di sopra
Oberwielenb.
Rasen
Antholz
M.Novale di fuori
Eisatz
2493
S.Martino
in Casies
St.Martin i Gsies
Valle di Casies
Valle di Casies
Gsies
Kärlsspitze
2612
Liperalm
Kalkstein
Perca
Percha
Val di Anterselva
Rasun di Sopra
Ob.Rasen
Rasun di Sotto
Nd.-Rasen
Prati di Tesido
Wiesen
di Dentro
Colle-Inner-
Pichl
di Fuori
Ausser-
Planca di Sopra
Oberplanken
2663
C.no di Fana Pfannhorn
Cast.Lamberto
Schl.Lamprechtsburg
Riscone
Reischach
-di Sotto
Ndr.-
Valdaora-
Olang-
-di Mezzo
Mitter-
-di Sopra
Ober-
-Tesido
-Taisten
Planca di Sotto
Unterplanken
Durna di Selva
Durnwald
Kurterhof
S.Silvestro
St.Silvester
X-VIII
Novale
Ried
Monguelfo-Tesido
Welsberg-Taisten
Villabassa
Niederdorf
Monterota
Radsbg.
Dobbiaco
Toblach
Valle S.Silvestro
Wahlen
Sella di Dobbiaco
(1170)
S.Candido
Innichen
Drau
-di Sopra
12%
Sorafurcia
Geiselsberg
2272
Bagni di Pervalle
Bad Bergfall
Unter-
gasse
Vallone
Pflung
Bagni di
Pian di Maia
Bad Maistatt
E66
49
Dobbiaco Nuovo
Neu Toblach
Marebbe
Enneberg
S.Vigilio
St.Vigil
1193
Parco
Braies di dentro
Innerprags
S.Vito
St.Veit
Ferrara
Schmieden
18%
Bagni di
Braies vecchia
Braies
Prags
Bad
Altprags
Dobbiaco
Toblacher
See
Val Landro Höhlensteintal
Ruine
Schmieden
Croda dei Baranci
Birkenkofel
2943
Alter Kaser
L. di Braies/
Pragser Wildsee
Seekofel
Croda d.Becco
2810
Ponticello
Brückele
Rif.Tre Scarperi
Dreischuster-H.
V.di S.Vigilio
St.Vigil Tal
Thurn
Fanes-
2300
Rif.Biella
Seekofel-H.
Rif.Sennes
Sennes-H.
2126
51
Grande Giro
delle Dolomiti
Tamores
Tamers
Spessa
1700
Rif.Pederù
1548
Prato Piazza
Plätzwiesen
1993
L. di Landro
Dürrensee
Landro
Höhlenstein
Rif.Locatelli
Drei-Zinnen-H.
Tre Cime di
Lavaredo
Drei Zinnen
C.ma Dieci
Zehnerspitze
3023
Sennes-
Croda Rossa
Hohe Gaisl
3139
M.ga
Ra Stua
1688
Cimabanche
Im Gemärk
(1529)
6%
1437
Carbonin
Schluderbach
2998
Rif.
Lavaredo
28%
Rif.la Varella
Alpe Fanes piccola
Rif.Fanes
Fanes H.
Kl.Fanesalpe
P.so di Limo
Limajoch
(2172)
Parco
Ospitale
S.Uberto
Podestagno
Rif.Maggiore
Bosi
Auronzo
11%
48bis
XI-V
19%
16%
X-V
Sasso d.Croce
Kreuzkofel
Braies
28%
Dolomiti
51
V. Grande
Col S.Angelo
(1756)
2839
Gr.po d.Cadini
Misurina
11%
3055
La Varella
S.Cassiano
St.Kassian
d'Ampezzo
15%
Som
Forca
3216
M.Cristallo
2113
(1809)
11%
M.Cavallo
2912
Travenanzes
Le Tofane
Tofana di mezzo
3244
Chiave
Alvera
48
10%
10%
P.so Tre Croci
Federavecchia
C.S.Marco
Rif.Cantore
Rif.A.Dibona
Pocol
8%
Cortina d'Ampezzo
(Anpezo)
2343
Tondi di Faloria
Rif Vandelli
Valle
P.so di
Valparola
(2192)
Campo
Zuel
Gr.
omitenstraße
48
L.Val.d.Dores
15%
Castello Andraz
P.so di Falzarego
(2105)
638
Acquabona
Sorapis
3205
2424
Gruppo delle Marmarole
Col di
Lana
2462
Nuvolau
2575
Rif.
Nuvolau
8%
Cernadoi
1495
Rif.Palmieri
2042
Cima Bel Pra
2914
M.go Pian d'Oten
P.so di Giau
(2233)
XII-IV
2701
2495
Boite
51
Rif.S.Marco
Rif.Galassi
Pieve di
Livinallongo
Andraz
Larzonei
14%
Chiapuzza
S.Vito
di Cadore
Dígonera
Colle Pian
Selva
di Cadore
Tab.Fabione
Serdes
Resinego
M.Antelao
3263
Val Soppera
St.a Lucia
Toffol
Borca di
Cadore
10%
Rif.Citta di Fiume
Val Fiorentina
Pescul
251
Villanova
Corte
M.Fernazza
2100
M.Pelmo
3168
Cancia
Vodo
Cadore
Vinigo
Venas
di Cadore
Rocca Caprile
Pietore
F.lla
Staulanza
(1773)
Rif.Venezia
Saviner
203
Alleghe
M.Penna
2195
L. di Vodo
Val Boite
L. di Valle
di Cadore
Sasso Bianco
L. d'Alleghe
3
1
4
17
18
10
8
5
6
9
7
25
28
26
27
29
34
35
33
32
30
31

L'AREA

UNA VALLATA DELLE DOLOMITI ED I SUOI MONTI

Innanzitutto alcuni nomi e dati
Posizione: Le valli della Gadera e i suoi affluenti si estendono dalla Val Pusteria a nord fino alle Dolomiti centrali.
Gruppi montuosi: il Gruppo delle Odle, il Puez, il Sella, il Pralongià, Fanes e le Dolomiti di Braies.
Area: ca. 500 chilometri quadrati.
Punto più alto: Piz Boè, 3152 m.
Le cime più conosciute: il Sass de Putia (2875 m), il Sasso di Santa Croce (2907 m), le Cime di Fanes (2989 m), la Cima Pisciadù (2985 m).
Le località più importanti: Corvara, La Villa, Pedraces, San Vigilio.

Chi visita per la prima volta l'Alta Badia, fa bene a scegliere la via attraverso la Val Badia anziché passare da uno degli alti passi. La via partendo da San Lorenzo, attraverso il lungo corridoio fiancheggiato da ripide pareti, è – soprattutto di pomeriggio – molto più bella e diventa sempre più interessante: all'inizio ci sono migliaia di alberi e solo poca vista, a un tratto si vede la grigia parete del Sass de Putia e poco dopo l'elegante verticale rocciosa del Sasso di Santa Croce. Dopo Pedraces si apre l'Alta Badia con Lavarela, Conturines, Sella e Sassongher.

Eccoci arrivati in una delle più belle regioni delle Dolomiti che si estende

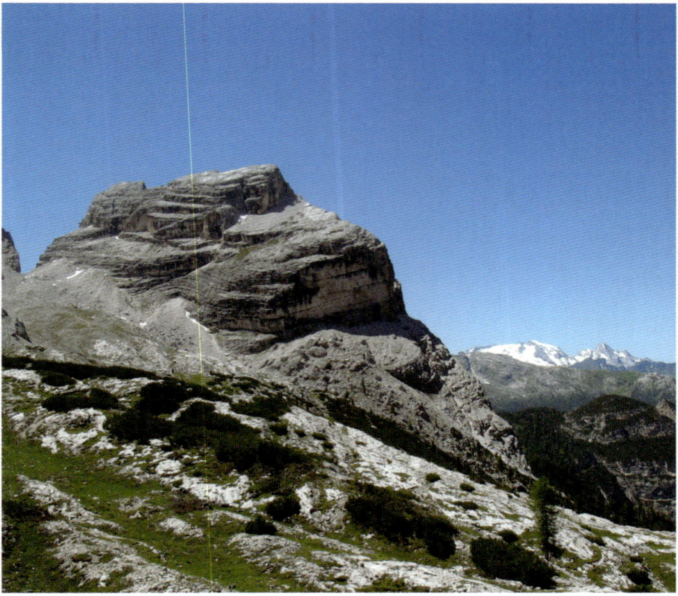

La Marmolada: raggiante in lontananza.

dal massiccio del Sella a nord fino ai piedi del Plan de Corones, con valli laterali verso Fanes. Una zona montuosa di grande varietà, dirupata e bizzarra alle Cime di Fanes, con le dolci malghe di Pralongià e i massicci rocciosi del Piz dles Conturines e del Sella.

Questo bel quadro ha naturalmente anche delle macchie. Gli impianti sciistici e le fascie disboscate per le piste da sci non sono soggetti interessanti. Il chiasso nei centri turistici e le code sulle strade dei passi non si trovano in nessun dépliant.

I 15.000 letti dell'Alta Badia desiderano essere occupati, almeno durante il periodo delle vacanze. La regione offre una perfetta infrastruttura, ottimi collegamenti d'autobus e diversi "impianti di risalita". E chi poi a mezzogiorno consuma il suo panino al salame, seduto sotto il cielo azzurro delle Dolomiti su una panchina di legno, con vista sulla Marmolada e il Sella, è molto vicino al settimo cielo (degli escursionisti).

La regione dolomitica descritta in questa guida si trova più o meno tra la Val Gardena ad ovest (vedi guida escursionistica KOMPASS 5735 Dolomiti 1 Val Gardena) e l'Ampezzano ad est (vedi guida escursionistica KOMPASS 5721 Dolomiti 7 Cortina d'Ampezzo). La linea di dispulvio tra il Rio Gadera (le cui acque si gettano nella Rienza) e il Cordévole, forma il confine verso sud. È qui che tocca il vecchio confine austroungarico che durante la prima guerra mondiale fu linea frontaliera e che quindi era molto contesa. Tutt'oggi si trovano tracce della "Grande Guerra" tra il Col di Lana, la regione del Fanes e il Sass de Stria. Il Passo Falzarego e i suoi dintorno sono considerati oggi un grande museo all'aperto (vedi gite 26 - 33). L'Alta Badia – come anche la Val Gardena – sono ladine. Quasi il 90 % degli abitanti è di madre lingua ladina, nata come "latino del popolo".

Flora alpina meridionale

Nonostante l'immensa bellezza che ci circonda lungo la via, bisogna prestare attenzione anche alle piccole cose: i fiori.

La natura è in piena fioritura da giugno ad agosto, in zone più basse fioriscono il giglio martagone e il giglio rosso. Il raponzolo di roccia, una pianta molto rara, cresce nei crepacci e sulle malghe profuma la nigritella. Il bianco fiore della stella alpina è conosciuto da tutti e ormai non è più un segreto che questo fiore è molto più bello da vedere nella natura che non su un cappello tirolese.

Guardarli con gioia e fotografarli – ma mai raccoglierli!

PARCHI NATURALI E NATURA

L'Alta Badia fa parte di due dei più grandi parchi naturali dell'Alto Adige: il parco Puez-Odle a ovest e il parco di Fanes-Sennes-Braies a est. Bastioni di questo genere sono molto importanti in una regione, dove lo sci alpino con tutti gli impianti e le piste distruggono il paesaggio. Evitano un'espansione in regioni ancora intatte. I visitatori non sono esclusi in nessun modo, all'interno dell'area protetta si trovano tanti rifugi, una rete di sentieri molto ramificata e i pascoli sono pieni di mucche. Passando a piedi da un parco all'altro, s'incontrano quasi tutte le tipiche forme di paesaggio delle Dolomiti. Qui e là – tipo nelle regioni della Gherdenacia o del Fanes – una gita diventa letteralmente un'escursione di scenze naturali per quanto riguarda la geologia. L'architettura filigrana delle rocce, i massicci monumentali oppure un alto piano eroso dall'acqua, non sono altro che sedimenti di 200 milioni di anni fa, ai tempi dell'Oceano Tetide. Furono l'acqua, il vento e il ghiaccio a modellare le fantastiche cime delle Dolomiti di oggigiorno che hanno ottenuto il loro nome da un nobile e geologo francese: Déodat Gratet de Dolomieu (1750–1801). Fu proprio questo amante della geologia a "scoprire" queste rocce calcaree. Dovettero passare altri 50 anni prima che la regione si svegliasse dal suo lungo letargo e i primi escursionisti iniziarono a scalare le Dolomiti. Fu il periodo del primo Club alpino, fondato a Londra nel 1857, il cui primo presidente fu anche il primo turista a scalare il Pelmo (3168 m) e fu la scalata più importante di tutte.

Pochi anni dopo fu un viennese a raggiungere il punto più alto delle Dolomiti: il 28 settembre 1864 Paul Grohmann scalò la Marmolada (3343 m).

Le cartine escursionistiche e i numerosi dépliant informativi sui parchi naturali Puez-Odle e Fanes-Sennes-Braies sono in vendita presso tutto gli uffici turistici.

Giovane stambecco.

Marmotta.

GRADI DI DIFFICOLTÁ

■ SEMPLICE
Sentieri (di montagna) generalmente ben segnalati e ben tracciati, senza punti di pericolo e percorribili per tutti. Qusto non esclude corte e ripide salite. Adatti anche per principianti.

■ MEDIO
Sentieri e sentieri ripidi su terreno di alta montagna, in parte muniti di scale e funi metalliche. È necessario avere un passo sicuro, buone scarpe da montagna e un minimo di esperienza.

■ DIFFICILE
Gite impegnative e in parte abbastanza lunghe con punti pericolosi. È necessario essere in buone condizioni fisiche, non soffrire di vertigini e avere un passo sicuro, oltre ad un'adeguata attrezzatura.

INDICAZIONE
La durata e i gradi di difficoltà sono solo valori indicati. È necessario tenere presente diversi fattori oggettivi, quali tempo e premesse individuali!

VIE FERRATE
Le Dolomiti sono un eldorado per gli amanti delle vie ferrate. Anche le montagne dell'Alta Badia ne offrono diverse, presentate in questa guida. Le gite più difficili sono consultabili sulla letteratura specifica.

POSSIBILITÀ DI RISTORO
Il simbolo per le soste si riferisce a possibilità di ristoro lungo il percorso. Gli orari di apertura dipendono dalla stagione e dalla regione, è quindi consigliato informarsi per tempo riguardo a pernottamenti e possibilità di ristoro. Informazioni a pagg. 180–183.

LA MIA GITA PREFERITA

Munt da Medalges

Intorno alla Val Badia ci sono grandi obiettivi e cime famose. Inoltre alcuni posti molto idilliaci e quasi sconosciuti che quindi vale la pena visitare.

Un tale posto è la Valle di Longiarù, dove il turismo non ha lasciato traccie a parte qualche segnavia e indicazione: prati e pascoli a perdita d'occhio.

La malga di Medalges è un pezzo di vera patria ladina, con una vista grandiosa su tutte le montagne che la circondano!

Malga idilliaca nella Valle di Longiarù.

I MIEI MOMENTI CULMINANTI

1

2

3

1: Totalmente sconosciuto: il Munt de Gröpes nelle Dolomiti occidentali di Braies – più che affascinante. → Gita 4, pagina 27

2: Leggendaria regione montana, paradiso delle marmotte, eldorado per escursionisti e alpinisti: il Fanes. → Gite 8–10, 25–28

3: Il Sella, "Monte sacro dei ladini", è il cuore delle Dolomiti e una stupenda regione per ogni tipo di gita. → Gite 43–50

4: Malghe ampie e una cresta rocciosa, inoltre una vista stupenda: la Croda del Becco. → Gita 7, pagina 36

5: Che profilo: il Sasso di Santa Croce! → Gite 18–20

4

5

PLAN DE CORONES

Vista con alcuni punti meno belli

8.5 km | 2.45 ore | 528 m | 528 m | 615

PARTENZA | Passo Furcia (1759 m), Passo stradale tra la Val Daora e San Vigilio. Parcheggio disponibile.
[GPS: UTM Zona 32 x: 726.612 m y: 5.178.648 m]
CARATTERISTICHE | Gita poco stancante ad uno dei più bei punti panoramici della regione. Gli amici della natura devono lasciare da parte la devastazione in cima alla montagna e intorno alla cima. Altre attrazioni sulla cima: Due musei, la maestosa Campana della Pace e, per i più coraggiosi, una zipline.

Il Plan de Corones è posizionato perfettamente tra le Alpi della Zillertal e le cime delle Dolomiti e fa parte dei più bei punti panoramici dell'Alto Adige. Lo sapeva anche Paul Grohmann che lo dichiarò uno dei panorami più belli delle Dolomiti.
Ciò accade 150 anni fa, nel frattempo Plan de Corones è diventato il fulcro della più vasta area siicistica della zona. Sul suo crinale smussato, dove spicca la Campana della Pace di 18 tonnelatte, si trovano addirittura due musei: il Messner Mountain Museum e il Museo della fotografia di montagna.
Sulla montagna die Brunico si possono anche fare escursioni: partendo direttamente dalla cima, ci si può decidere per il giro breve ("Concordia", 40 min.) o per quello decisamente più lungo ("Corones", 2:15 ore).
Un buon punto di partenza è anche il Passo Furcia (1759 m), la cui strada collega Marebbe e Valdaora

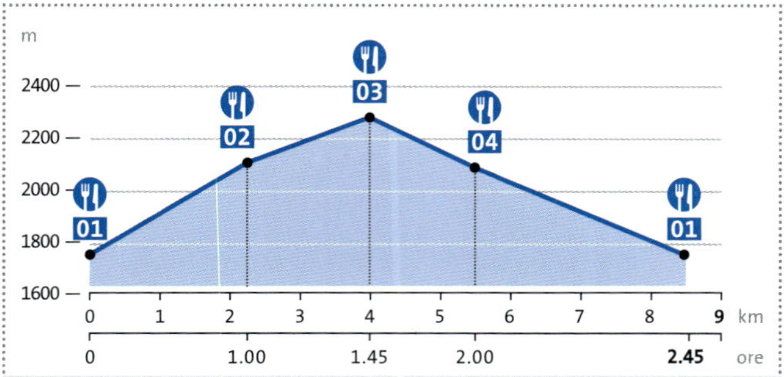

01 Parcheggio Furcia, 1745 m; 02 Rifugio Graziani (Ücia Graciani), 2098 m; 03 Plan de Corones, 2275 m; 04 Rifugio Geiselsberger (Schimelia), 2080 m

il sentiero sale lungo la parete sud dell'altopinao che, giustamente, viene chiamato "Bellavista". Qui, infatti, l'incantevole vista sulle Dolomiti accompagna gli escursionisti fino alla cima.

▶ Dal parcheggio (1745 m) **01** vicino agli alberghi del Passo Furcia si prosegue in alto lungo la vecchia strada militare. Dopo tre tornanti (tutti ornati con ritratti di eroi storici del giro d'Italia) si lascia il tracciato polveroso verso sinistra, salendo per il bosco fino ad arrivare al Rifugio Lagazuoi. A questo punto s'incrocia la strada. Poco più in alto si trova il **Rifugio Graziani** (2098 m) **02**. Il resto della salita passa per pendii erbosi per poi sboccare a sud-ovest sulla cima del **03** **Plan de Corones** che è totalmente deturpato dal cemento – ma con vista meravigliosa.

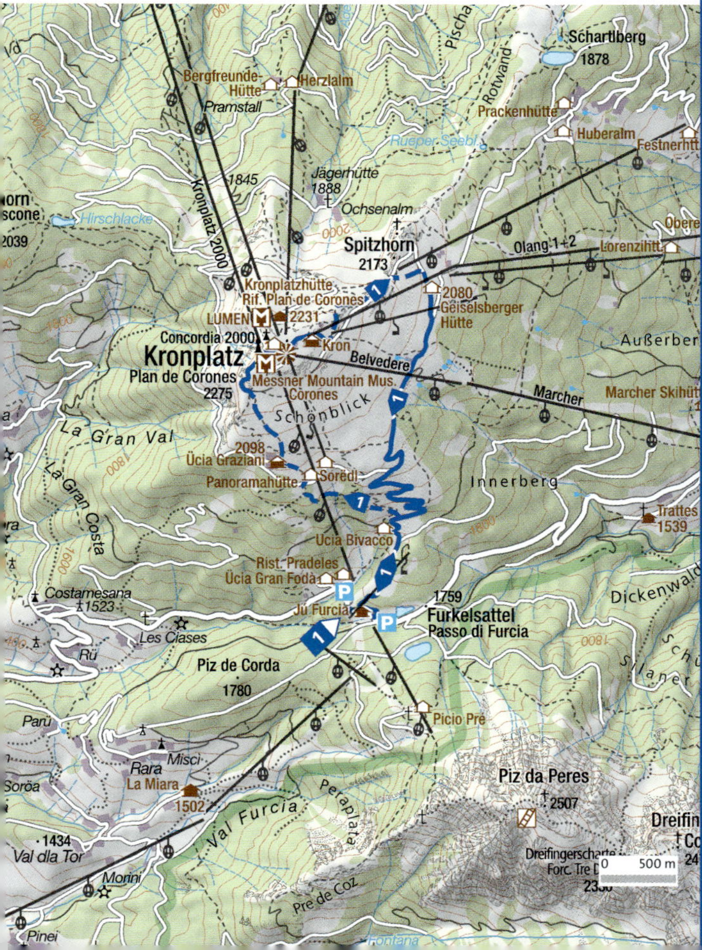

Due musei sul Plan de Corones

Dal 2015 Plan de Corones non offre solamente una splendida vista sulle Dolomiti e sulle Alpi della Zillertal, ma anche uno scorcio della storia dell'alpinismo. Sul versante ovest dell'altopiano si trova, nel cuore della montagna, il sesto e ultimo museo di Reinhold Messner, progettato dal famoso architetto iracheno-britannico Zaha Hadid (1950–2016) e dedicato all'alpinismo classico. Il Museo Corones è aperto tutti i giorni dalle 10 alle 16, dal 1° sabato di luglio alla 2° domenica di ottobre e da fine novembre a metà aprile.
Dopo una lunga serie di ristrutturazioni, la vecchia stazione a monte della funivia si è trasformata nel "Museo della fotografia di montagna", assolutamente da vedere! Aperto quando la funivia è in funzione. Vi consigliamo il ristorante AlpiNN, un binomio di gusto e vista mozzafiato!

La campana "Concordia" decora dal 2003 il monte panoramico e sciistico.
La **discesa** segue in un primo momento il crinale di nord-est e conduce poi in una curva a destra in basso fino al **Rifugio Schimelia** (2080 m) 04. Si continua lungo un terreno ricoperto di ghiaia, perdendo sempre più altitudine, con bella vista sul crinale roccioso sopra alle Val Daora. Giunti ai 2000 m di altitudine, si ritrova la vecchia strada che porta alla cima. Scende comodamente fino ad arrivare agli alberghi del Passo Furcia. 01

Vista dal Plan de Corones sulla Val Pusteria e sulle propaggini delle Vedrette di Ries.

CIMA LASTA

Il quieto vicino del Plan de Corones

12 km | 4.00 ore | 644 m | 644 m | 615

PARTENZA | Parcheggio (1550 m) al di sopra di Ellen/Kreuznerhof; Tragitto da San Lorenzo lungo una stretta strada curvilinea, passando da Montana. [GPS: UTM 32 x: 716.043 m y: 5.184.258 m]
CARATTERISTICHE | Gita poco faticosa nella zona dell'Alpe di Luson, con panorama fantastico e diverse possibilità di ristoro.

L'Alpe di Luson, come anche il Plan de Corones, fa parte della catena montuosa di fillade che si trova soprattutto sul lato meridionale della Val Pusteria. Qui dominano le forme tonde e dolci, rendendo le cime facili da raggiungere. Quindi la Cima Lasta è assolutamente alla pari con il suo famoso vicino. Solo la vista sulla Marmolada, la cima più alta delle Dolomiti, viene tolta dal Sass de Putia. Ma questo non è un problema; il panorama si estende dall'Adamello fino al Großglockner (3798 m), il monte più alto dell'Austria.

▶ La gita inizia al piccolo parcheggio (1550 m) **01** al di sopra di **Ellen**. Si segue per qualche metro la strada asfaltata per prendere poi il vecchio sentiero segnalato in rosso e bianco. Si sale per un sentiero ombroso, la salita è poco stancante. Dopo circa un'ora si arriva alla **malga Walder** (1908 m) **02** che offre una stupenda vista sulla vallata di Brunico. Se il contadino della malga è a casa, si riceve anche qualcosa da bere.
La salita continua – in parte per una strada sabbiosa – fino alla **malga Einhäuserer** (2110 m) **03**.

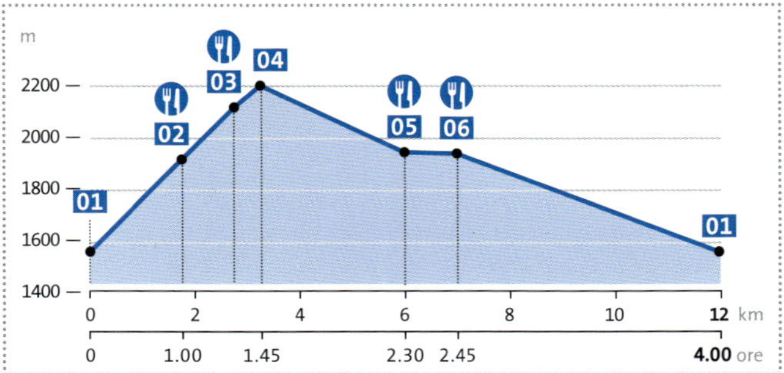

01 Parcheggio Ellen, 1550 m; **02** Malga Walder, 1908 m; **03** Malga Einhäuserer, 2110 m; **04** Cima Lasta, 2194 m; **05** Rifugio Campoforte, 1936 m; **06** Rifugio Rastner, 1931 m

Chi non vuole fare una sosta, può almeno dare un'occhiata agli originali trofei appesi alle pareti del rifugio. La **Cima Lasta** 04 offre una meravigliosa vista e la sua croce si vede anche da lontano.

Segnalazioni conducono giù per il crinale pianeggiato, passando per piccoli gradini rocciosi, fino ad arrivare alla malga **Priller** (1954 m). Si lascia la malga sulla destra, come anche la torbiera alta, dichiarata zona protetta. Si cammina in pianura per una pista di ghiaia, fino al **Rifugio Campoforte** (1936 m) 05, dove in estate viene ancora fatto del formaggio. È anche possibile osservare il contadino mentre lo fa.

Il **Rifugio Rastner** (1931 m) 06 è solamente a due passi dal Rifugio Campoforte. Qui si mangia molto bene! Che ne dite di un bel "Kaiserschmarren", una frittata dolce sminuzzata e cosparsa di zucchero?

L'area dell'Alpe di Luson si estende lungo il lato solare dell'omonima vallata ed è copre una superficie di circa dieci chilometri quadri. Soprattutto in estate è molto amata dagli escursionisti. In tempi passati, correvano diverse voci riguardo la malga e i suoi abitanti. Esisteva un gigante, tanto forte da far tremare i muri delle case di Luson quando trebbiava la segale. Dopo la sua morte, il suo bastone trebbiatore divenne un trogolo per le mucche. Inoltre si dice che ogni anno, in occasione del giorno di San Ulrico, veniva offerto un toro in sacrificio. Si sperava di proteggere così il bestiame da diverse malattie.

Discesa: Dal Rifugio Rastner si torna qualche metro indietro, all'indicazione "Ellen" si gira a sinistra. La viuzza conduce lungo una staccionata in legno, poco più avanti si arriva ad un idilliaco laghetto (1930 m). Lo si lascia a sinistra e si scende per un pendio boscoso. Infine si arriva a un sentiero forestale che ritorna (è anche possibile accorciare la strada) al punto di partenza, al **parcheggio** 01 .

Sosta amata sull'Alpe di Luson: il Rifugio Campoforte.

Ilstern
Rast-bichler
Gisser
Gisser-E-Werk
49
E66
Rienz F. Rienza
Hofkäserei Gatscher
Gerstwirth
Unterpfraumbam
Pfraumbam
938
Bergwiesmüller
Unter-plun
Hinterbichler
Wieser
Wachtlechner
851
Römerstein
Fuchs
Hofer 1111
977
Pranter
Hörschwarte
Knapp
Mühlbichl
1271
Lackner
Kofler
Koflhäusl
Ehrenburg
990
Hopflechner
Kienser Hochwälder
1201
Lechner
Erschbaum
1596
Brunneralm
1557
Ebner
Getzenberg
Monghezzo
Kühlechen
Krösser
1192
1129
Federer
Ebner
Grube
Burgerbach
Moasalm
1801
Rastnerhütte
Rif. Rastner
1931
·1849
·1777
Häusler
Lofaalm
Eller
Elle
1362
Hirschen
01
06
02
03
04
05
Kreuzner
1836
Hospalm
Waider
Tschupwaldalm
Berggasthof Starkenfeld
Rif. Campoforte
1936
Tschupwaldsee
1983
Walder Alm
1908
Priller Alm
1954
Blonde-Laine-Alm
Astjoch
(Burgstall)
Giogo d. Asta
(C. Grava)
2194
Steineralm
1908
Plasellalm
Einhäuserer Alm
Ellener Kreuz
2197
2160
1888
Rafreider Alm
Astjoch
2103
Campill
M. Campiglio
2190
Kofler Alm
Hörschwanger
Kreuz
Gostalm
1799
Kreuzwiesen Alm
Rif. Alpino Prato Croce
1924
Grünfelder Alm
2119
Koch Campill
2044
Jakobsstöckl
2026
Astalm
Campiller Wiesen
Kompatscher
Hof
Genaideralm
1947
Jakobskopf
Colle di S. Giacomo
2116
Wurzer Wiese
Onacher Kreuz
Ober-glittner
Unter-
Raggins
1148
Herneglalm
1818
Wurzer
Plonerbach
0
500 m
Glittner Ställe
1980
Wieseralm
Munt da Pre
2054
St. Nikolaus

3

PIZ DA PERES

Profilo roccioso sopra il Passo Furcia

7 km | 4.15 ore | 800 m | 800 m | 615

PARTENZA | Furcia (1759 m) (a), Passo stradale tra la Val Daora e Marebbe. Parcheggi disponibili.
[GPS: UTM Zona 32 x: 726.852 y: 5.178.635]
CARATTERISTICHE | Escursione varia fino alla cima, con passaggi rocciosi sul crinale ovest. In primavera, pezzi ancora innevati – non pericolosi!

Il Piz da Peres offre tanta natura, al contrario del Plan de Corones, che è stato in gran parte sacrificato al turismo invernale. Sul lato nord-ovest si trova una funivia, ma subito dietro alla stazione a monte inizia il parco naturale "Fanes-Senes-Braies". La salita ci aspetta con un paio di passaggi rocciosi ma poco faticosi. La vista dalla cima è bella almeno quanto quella del Plan de Corones. In questo caso bisogna portarsi la merenda nello zaino, ma le taccole sempre affamate saranno grate per ogni piccolo boccone.

Dal **Passo Furcia** (1759 m; indicazioni) 01 si segue la strada ghiaiosa per il bosco. Dopo circa dieci minuti devia a destra un piccolo sentiero. Sale ripidamente per una fascia disboscata, gira a destra e conduce in piano verso l'**Ücia Picio Pré** (1989 m) 02. Si oltrepassa la stazione a monte della funivia, continuando a salire, dove l'itinerario poi continua a destra fino ad arrivare al crinale ovest del Piz da Peres. Al crocifisso che si trova lungo la via (bello per fare una sosta), si sbocca nel sentiero che parte da San Vigilio.

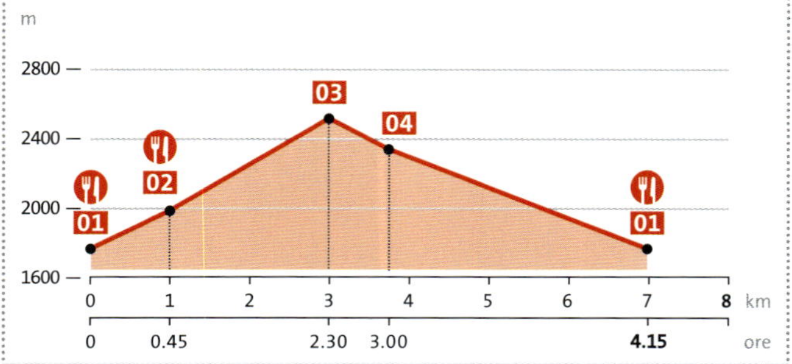

01 Furcia, 1759 m; 02 Ücia Picio Pré, 1989 m; 03 Piz da Peres, 2507 ;
04 Punta Tre Dita, 2330 m

Si continua camminando a zig zag fino alle rocce, poi si sale o a destra o a sinistra del crinale, dovendosi arrampicare un poco. La traccia ben segnalata conduce infine al fianco sud del **Piz da Peres** 03. Da qui si continua per il punto più alto.

Discesa: Prima si scende per il comodo crinale est fino all'incrocio della **Punta Tre Dita** (2330 m) 04. Sul lato nord della Punta Tre Dita il

3

Piz da Peres – Lago di alta montagna, all'orizzonte la Croda Rossa d'Ampezzo.

fianco è spesso innevato fino all'inizio dell'estate. Si scende lungo un sentiero che attraversa il bosco fino ad arrivare ad un bivio (indicazioni). Qui si gira a sinistra. Si prosegue attraversando il fianco nord del Piz da Peres, scendendo poi fino ad una strada forestale, per la quale si torna al **Passo Furcia** 01.

Lago di alta montagna

Dalla Punta Tre Dita è consigliata una scappatina ad un idilliaco lago di alta montagna (2252 m). Lo si trova seguendo il sentiero numero 3 (0.30 ore) che attraversa in direzione est l'intero fianco meridionale della Punta Tre Dita. La flora che circonda il laghetto è molto conosciuta per la sua varietà. Il motivo di questo fenomeno naturale sono due tipi di roccia: la fillade e la dolomite.

MUNT DE GRÖPES

Mai sentito? Andateci – ne vale la pena!

12.5 km | 5.30 ore | 1137 m | 1137 m | 624

PARTENZA | Parcheggio Hotel Lé dla Crëda (1268 m). [GPS: UTM Zona 32 x: 726.485 m y: 5.174.195 m]
CARATTERISTICHE | Itinerario abbastanza faticosoa, segnato fino in cima. Angolo delle Dolomiti di Braies sconosciuto, vista fantastica.

Le Dolomiti di Braies sono un'area perfetta per persone che preferiscono camminare lontani dai soliti sentieri. Qui esiste ancora l'amata quiete di montagna e quindi non c'è da stupirsi se si incontrano degli stambecchi ma non un'anima viva. Il Munt de Gröpes è solo una piccola montagna tra la Val di Foresta e la Val de Ćiastlins, che però offre una bella vista sul lato ovest delle Dolomiti di Braies. Si nota già all'inizio della gita che le montagne sono note per le loro rocce poco solide: ghiaia proveniente dalle cime circostanti, un torrente che fra poco sarà sparito nel morbido sottosuolo.

La gita inizia all'**Albergo-Chalet Lé dla Crëda** (1268 m) **01**. Si prosegue lungo una strada larga fino a raggiungere il bosco, poi si sale dolcemente fino all'inizio della Val de Ćiastlins. Questa via si rivela essere una fossa fiancheggiata da rocce, l'acqua scorre su macigni formando qualche bella cascata – molto bello soprattutto in primavera, quando sulle cime si scioglie la neve.
Il bel sentiero serpeggia verso l'alto, attraversa un ponte e gira a destra. Poco dopo svanisce il gorgoglìo e il ruscello sparisce nel sottosuolo – niente di strano nelle Dolomiti.

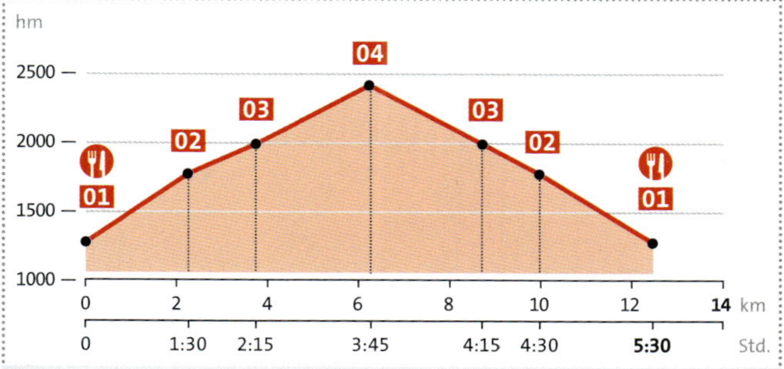

01 Lé dla Crëda, 1268 m; **02** Ücia Dessot, 1763 m; **03** Ücia Dessora, 1980 m; **04** Munt de Gröpes, 2405 m

Bizzarro: il frastagliato crinale nord della Cima de Riciogogn.

Il sentiero continua per l'arida vallata fino al **Ücia Dessot** 02. C'è fasciume ovunque caduto dalle cime; a volte gli alberi sembrano piantati nella ghiaia. Alla **Ücia Dessora** 03 si apre uno stupendo

panorama verso la Muntejela de Senes (2787 m). A destra è fiancheggiato dal Ćiastlins (2673 m), una roccia scolcata. A quanto pare, il "castello" (Ciastlins) è formato da tipi di roccia molto fragile.
Si lascia il bosco. La traccia continua tra pini nani e prati rocciosi e infine per un fosso poco profondo. A sinistra devia il sentiero verso il passo Ju dles Cacagnares (segnavia). Mezz'oretta più tardi si arriva al Munt de Gröpes, singolare e gobboso. Sulla sinistra emergono due coni rocciosi e piatti dal pendio pratoso, mentre i pinnacoli bizzarri della Cima de Riciogogn) (2654 m) attirano lo sguardo degli escursionisti .
Il sentiero segnalato continua – ben visibile – attraverso tutta la conca, per poi salire a zig zag fino allo **Ju de Sénes** (2519 m). Qui inizia l'estesa area del Senes. Meno chiara è la traccia che conduce alla cima est del **Munt de Gröpes** (2405 m) **04**, passando per l'erboso pendio sud. Devia a sinistra, continuando poi lungo un canale stretto e dirupato. Sulla cima si apre una stupenda vista a 360 gradi: il Großglockner a nord-est, l'Ortles a ovest che svetta nel cielo. Seguono altre famose cime delle Dolomiti: la Punta Tre Scarperi (3145 m) e la Croda del Becco(2810 m) ad est, il Piz Popena e il Monte Cristallo (3221 m) che s'innalzano dietro al Ju de Sénes, a destra del Ciastlins si vedono il Piz Boè, il Sassolungo e le cime delle Odle.
Il Munt de Gröpes – piccolo ma non da sottovalutare!
La **discesa** segue in generale la via di salita. Come alternativa si può passare dal Ju de Sénes fino alla malga Senes oppure scendere fino al **Lago di Braies** passando per il **passo Ju dles Cacagnares** (2296 m).

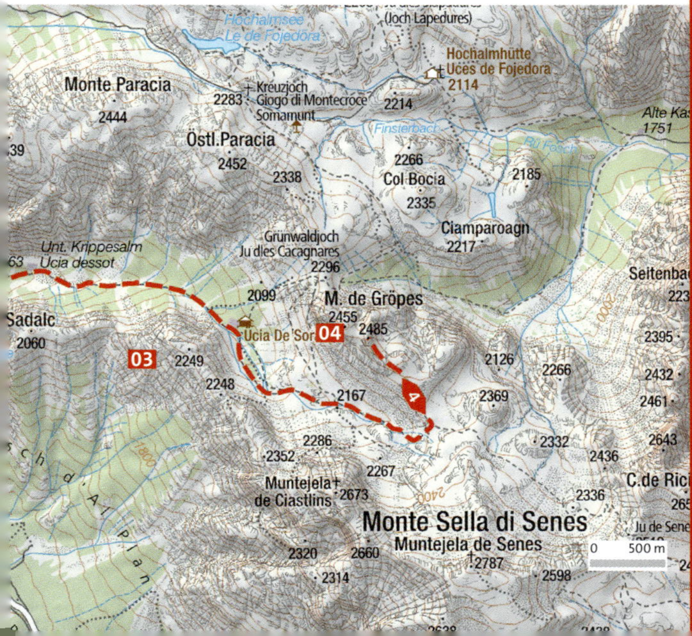

RIFUGIO SENES

Camminare per le malghe della Val di Rudo

9.75 km | 3.30 ore | 620 m | 620 m | 624

PARTENZA | Rifugio Pederü (1548 m) all'interno della Val di Rudo, 12 km da San Vigilio di Marebbe.
[GPS: UTM Zona 32 x: 732.794 m y: 5.169.510 m]
CARATTERISTICHE | Bella gita con inizio molto ripido, lungo una vecchia strada militare. Due possibilità di sosta; i bastoni telescopici sono molto comodi per la discesa.

Chi viaggia per la Val di Rudo, partendo da San Vigilio verso Pederü, è circondato da rocce alte quasi quanto il cielo. È difficile da immaginare che tra il Sassolungo e il Lavinores (a soltanto un'ora di cammino) si trovi uno dei più grandi alpeggi dell'Alto Adige: quello della malga Senes, oltre dieci chilometri quadrati di superficie. Mentre si sale (ripidamente) da Pederü, è difficile immaginare l'orizzonte che ci aspetta al Plan de Lasta. Durante il cammino verso il Rifugio Senes e poi verso Fodara Vedla appaiono sempre più cime, anche in lontananza: la Croda del Becco, la Croda Rossa d'Ampezzo (3146 m) con le sue rocce rosse, il massiccio del Cristallo (3221 m), il Pomagagnon e sullo sfondo il roccione del Sorapìs. Il bestiame pascola sui prati, un paio di nuvolette bianche si trovano nel cielo azzurro: idillio di montagna.

▶ Dapprima bisogna salire dal **Rifugio Pederü** (1548 m) 01 verso la cima, cosa molto faticosa, dato che la vecchia strada militare è in parte estremamente ripida. Si continua lungo la strada piena

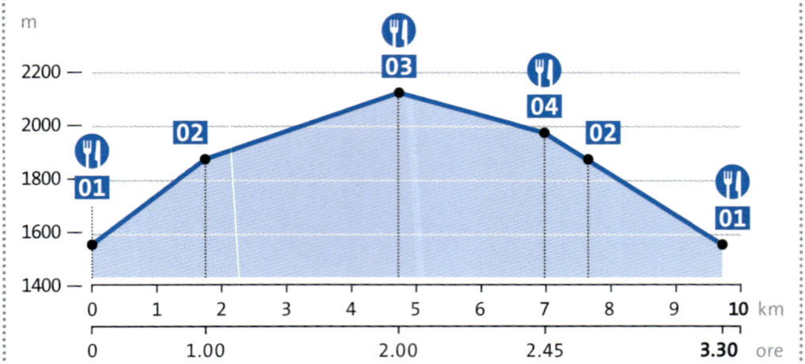

01 Pederü, 1548 m; 02 Mulattiera, 1867 m; 03 Rifugio Senes, 2116 m; 04 Fodara Vedla, 1966 m

di tornanti e passando in mezzo a rocce dirupate. Anche gli atleti migliori scendono dalla loro mountain bike per continuare a piedi. Dopo circa 300 m di altitudine si lascia la traccia verso sinistra (1867 m; indicazioni per "Senes") e si segue la **Mulattiera** **02** che taglia con due curve un pendio poco boscoso. A nord del Col ra Machina (2029 m) si sbocca sul tracciato per fuoristrada. Si continua passeggiando per il Pla de Lasta fino al bel **Rifugio Senes**

(2116 m) **03**. Questa zona veniva usata dai militari dopo la seconda guerra mondiale. La pista da sci ricoperta d'erba vicino al rifugio rievoca quel periodo. A nord est si trovano le ripidi pareti della Croda del Becco (2810 m), difficili da non vedere.

Discesa: la Croda Rossa d'Ampezzo (3146 m) domina la via del ritorno. Si segue la vecchia strada militare (vedi salita) per circa un chilometro, la si lascia verso sinistra in una curva a destra (vedi segnalazione) per poi continuare lungo la via segnalata verso sud fino a **Fodara Vedla** (1966 m) **04**.

Alle vecchie cascine si gira a sinistra, si scende lungo la vecchia strada militare oppure lungo il sentiero forestale (parallelo alla strada militare) fino a raggiungere il bivio. Infine si scende ripidamente fino a **Pederü** **01**.

Il posto più adatto per una sosta – il Rifugio Senes.

MUNTEJELA DE SÉNES

Il monte di stelle alpine sopra l'Alpe di Senes

18.5 km | 7.15 ore | 1290 m | 1290 m | 624

PARTENZA | Rifugio Pederü (1548 m) in Val di Rudo, 12 km da San Vigilio di Marebbe. [GPS: UTM Zona 32 x: 732.794 m y: 5.169.510 m]
CARATTERISTICHE | Salita lunga, è quindi importante essere in ottime condizioni fisiche. L'attraversamento (verso sinistra) sotto il crinale della cima richiede attenzione; difficile orientarsi in caso di nebbia.

La Croda del Becco è la cima dominante sull'Alpe di Senes, con le sue ripidi e notevoli pareti di calcare lias. La Muntejela de Sénes pare insignificante vicino alla Croda: tanto verde, poche rocce.
Il paesaggio diventa sempre più drammatico camminando verso la cima, la vista si apre e dalla cima si vede il Ciastlins con le sue rocce rossicce, rose dall'erosione. Montagne eterne?

▶ L'escursione alla cima inizia con un ripido sentiero a serpentina al di sopra il **Pederü** (1548 m) **01**. La vecchia strada militare, in parte cementata, è anche amata da chi fa mountain bike – in salita una vera sfida – mentre la discesa richiede l'assoluto controllo del manubrio.
Dopo circa un'ora si lascia il largo tracciato verso sinistra (1867 m; indicazioni "Senes") e si continua lungo la **Mulattiera** **02** che sale in due svolte per un pendio boscoso. A nord del Col ra Machina (2029 m), il sentiero sbocca nuovamente nella strada che conduce in un dolce saliscendi al **Rifugio Senes** **03**, passando per il Plan de

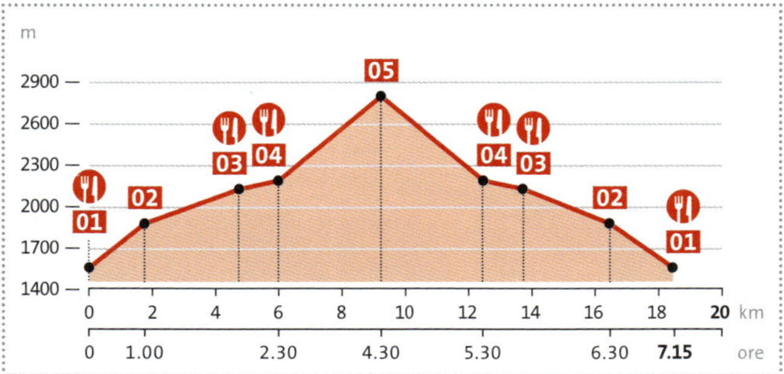

01 Pederü, 1548 m; **02** Mulattiera, 1867 m; **03** Rifugio Senes, 2116 m; **04** Munt de Sénes, 2176 m; **05** Muntejela de Sénes, 2787 m

Lasta (2116 m). Il rifugio si trova vicino all'omonimo laghetto poco profondo. L'tinerario continua dietro la casa – passando dalla centrale eolica – salendo verso il crinale erboso, poi scendendo leggermente al **Rifugio Munt de Sénes** (2176 m) **04**.
Finalmente si vede la cima e anche il lungo e stretto vallone della Val de Sen Berto. Segnavie in bianco e rosso conducono dolcemente in alto, passando lungo il canalone tettonico. Al bivio si lasciasullail sentiero, che verso destra conduce al **Ju de Sénes**, e si continua sempre diritto. Tra i sassi luccicano in estate innumerevoli stelle bianche: le stelle alpine. Il sentiero prosegue verso sinistra, al di sotto del crinale est del Muntejela de Sénes, e attraversa – salendo dolcemente – il ripido pendio roccioso fino ad arrivare al crinale sud est. Da qui si giunge facilmente alla cima del **Muntejela de Sénes** **05** che offre un fantastico panorama. **Discesa:** Vedi salita.

Paesaggio alla Muntejela de Sénes.

Gröpes
Seitenbachspitze
2237
Seitenbach
1887
Seewald
Selva del Lago
1799
2002
2025
2126
2266
2369
2395
2432
2461
2283
2285
2170
2100
2339
2332
2436
2643
2492
2267
Sennes Karspitze
P. ta della Quara di Senes
2659
Kleiner Seekofel
C.de Riciogogn
2650
2336
Seitenbachscharte
Forcela de Riciogogn
2331
2750
Monte Sella di Senes
Muntejela de Senes
Ju de Senes
2519
05
2787
2598
2407
2415
2370
2368
2626
2488
2638
2438
2317
2351
2294
2437
6
2336
2282
2318
2452
2383
2276
2286
04
2189
Sas dai Tamersc
Col dles Fozöres
Rif. Munt de Sénes
2176
2141
2357
Senneshütte
Rif. Senes
2126
03
Col
2255
Col de Lasta
2248
Picio-
2297
Gran-
2311
Sennessee
Lago di Senes
Pjan Pescu
2050
2204
Gran Pareis
2111
2086
Font.de
1703
Vedla
2061
Nea
1980
2029
Col Pera Maura
2029
2140
1895
P
Rif. Pederü
1548
2271
2300
01
02
Fodara Vedla
Furcia dai Fers
2534
2371
2307
Côl de Rü
2076
Rif. 1966
Fodara Vedla
2425
2095
2064
2450
2489
2247
Col Banch dal Sé
2369
2475
Pic Valùn
Forc. Lavinor
2240
1853
2592
Crode Ciamin
Piciodelsee
Lé Piciodel
Ciamin
2610
0
500 m
Kl. Fanesalm
M.ga Piccola Fanes
Ücia de Pices Fanes
2000
Forc. Ciamin
2395
2301
Val de Mesø
Croda de Antruiles
Faneshütte
2656

CRODA DEL BECCO

La cima che si specchia nel Lago di Braies

19 km | 7.30 ore | 1300 m | 1300 m | 624

PARTENZA | Rifugio Pederü (1548 m) in Val di Rudo, 12 km da San Vigilo di Marebbe. [GPS: UTM Zona 32 x: 732.794 m y: 5.169.510 m]
CARATTERISTICHE | Lungo itinerario alla più famosa (ma non più alta) cima delle Dolomiti di Braies. L'inizio è molto ripido, poi si fa invece roccioso. Chi non vuole affaticarsi troppo pernotta al Rifugio Senes e si gode il tramonto da una delle montagne circostanti.

La Croda del Becco si specchia nel Lago di Braies (1490 m), grande circa 40 ettari e una delle mete preferite della Val Pusteria. La cima offre una vista fantastica sull'acqua scura e circondata dal bosco. "Una vista incantevole", disse Wolf Glanvell nel 1900 che merita tranquillamente tre stelle, dato che si estende dalla Hochalmspitze negli Alti Tauri fino all'Adamello. I ricchi contrasti colpiscono ancora di più dell'orizzonte infinito: il verde della Val Pusteria, la tonalite scura, il firn bianco della Vedretta di Ries, picchi dirupati a sud ed in primo piano le malghe dell'Alpe di Senes.

Salita all'Alpe di Senes: Il lungo itinerario inizia con un sentiero a serpentina al di sopra del **Rifugio Pederü** (1548 m) **01**. La vecchia strada militare, in parte cementata, è anche amata da chi fa mountain bike – in salita una vera sfida. Dopo circa un'ora si lascia il largo tracciato verso sinistra (1867 m; indicazioni "Senes") e si continua lungo la **Mulattiera** **02** che sale in due curve per un pendio boscoso.

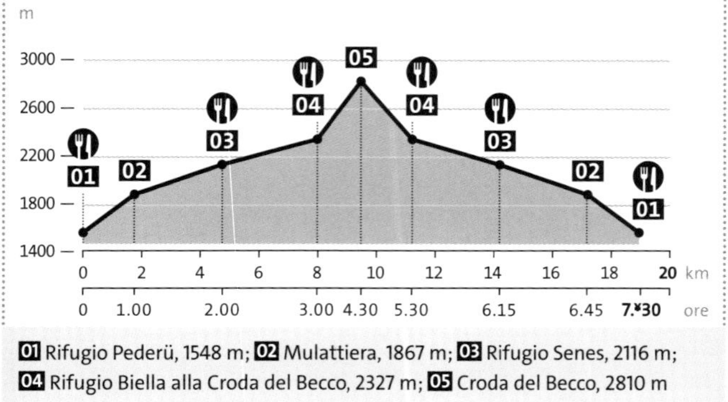

01 Rifugio Pederü, 1548 m; **02** Mulattiera, 1867 m; **03** Rifugio Senes, 2116 m; **04** Rifugio Biella alla Croda del Becco, 2327 m; **05** Croda del Becco, 2810 m

Seitenbachtal
Seitenbach
Seewald
Selva del Lago
1590
1535
1887
1799
1822
Kl. Apostel
Piccolo Apostolo
2237
2002
2025
1588
1596
2285
2170
2283
2100
2339
2443
2100
1955
2492
Sennes Karspitze
P. ta della Quara di Senes
Seekofel
Croda del Beco
Sas dla Porta
Nabiges Loch
Buco del Giavo
2650
2659
Kleiner Seekofel
05
2810
2331
Seitenbachscharte
Forcela de Riciogogn
2750
2343
2415
2598
2407
2370
2368
2626
2488
L. del Giavo
7
2400
2317
2351
Ofenscharte
Forc. Sora Forno
2388
2458
2186
2294
Ofenmauer
Muro
Seekofelhütte
Rif. Biella
04
2388
Centro
Studi Montani
2327
2318
2282
2276
2286
2313
2248
2354
2307
2189
7
V7
Rif. Munt
de Sénes
2176
2253
03
2126
Senneshütte
Rif. Senes
Col de Ra Sciores
2332
-Col de Lasta
2248
Picio-
Gran-
2297
2311
Sennessee
Lago di Senes
V7
Plan Pescu
2000
Gran Pareis
2204
L. Piccolo
2178
2235
2111
2086
Font.del Zirmo
2069
Crepe de Socroda
Sorg. del Boite
Cròsc
Crepe de Ra Ola
7
2029
7
P
Rif. Pederü
1548
Col Pera Maura
2140
2029
01
02
Fodara Vedla
Côl de Rü
2076
Rif. 1966
Fodara Vedla
2003
Lago di Fodara
2102
2083
1852
2064
Lavinores
(Sas dla Para)
Col Banch dal Sé
2369
2411
2462
2294
1910
2475
Pic Valùn
Forc. Lavinores
2240
2213
1853
2592
2127
Ciamin
2182
Crode Ciamin
0
500 m
2610
1833
Forc. Ciamin
2395
2301
Val de Meso
Croda de Antruiles

A nord del Col ra Machina (2029 m) il sentiero sbocca nuovamente nella strada che porta al **Rifugio Senes** (2116 m) **03**, passando per il **Plan de Lasta**.

Salita alla Croda del Becco: Sempre diritto per qualche metro lungo la pista aspra, al bivio girare a destra e salire ripidamente per un pendio. Il sentiero continua in saliscendi sull'altopiano al di sotto della Croda del Becco, infine lungo la vecchia strada militare fino ad arrivare al **Rifugio Biella alla Croda del Becco** (2327 m) **04**. Dal rifugio non si è più lontani dalla **Forcella Sora Forno** (2388 m), dove sbocca la salita di Braies. Ora si sale lungo il crinale sud molto ripido e roccioso. Catene conducono al lato sud est del monte. Seguendo le tracce e gli omini in pietra, si giunge al punto più alto della **Croda del Becco** (2810 m) **05**.

Discesa: Vedi salita. Come alternativa si può anche scendere per la vecchia strada militare tra la Croda del Becco e il Rifugio Senes.

Vista dalla Croda del Becco sul Lago di Braies, la Val Pusteria e le Vedrette di Ries.

DA PEDERÜ AL PASSO DI LIMO

Nel regno dei Fanes

13 km | 4.30 ore | 626 m | 626 m | 624

PARTENZA | Rifugio Pederü (1548 m) in Val di Rudo, 12 km da San Vigilo di Marebbe. [GPS: UTM Zona 32 x: 732.794 m y: 5.169.510 m]
CARATTERISTICHE | Itinerario poco impegnativo, paesaggio molto bello, bei rifugi e passi. Sentieri ben tracciati.

Si dice che anche tra gli escursionisti ce ne sono di romantici – anche se in segreto. Probabilmente vengono quindi attirati dagli alpeggi di Fanes, visto che la gita alle malghe (avvolte dalla leggenda) è un caleidoscopio di forme e colori. Picchi grigi svettano nel cielo azzurro, l'acqua del torrente Vigilio sgorga tra rocce e cuscini erbosi, cembri si aggrappano al terreno roccioso. Si lascia l'aspra Val di Rudo a forma di U e si sale verso l'Alpe di Fanes, dove una volta regnavano le marmotte. In modo democratico, naturalmente, e chi non ci crede, può dare un'occhiata al loro forum al di sopra del Lé Vert (il lago verde): "il Parlamento delle Marmotte".
L'Alpe di Fanes fu nominate per la prima volta circa 1000 anni fa come "petra Uanna". Scoperte al Ciastel de Fanes (2657 m) dimostrano che l'area era già popolata nella Preistoria – materiale sufficiente per dar vita a miti e leggende.

Salita al Passo di Limo: La salita da **Pederü** (1548 m) 01 all' Alpe di Fanes conduce lontana dalla strada del Passo di Limo. Mentre la vecchia strada militare a serpentine sale costantemente sul lato est della vallata, il sentie-

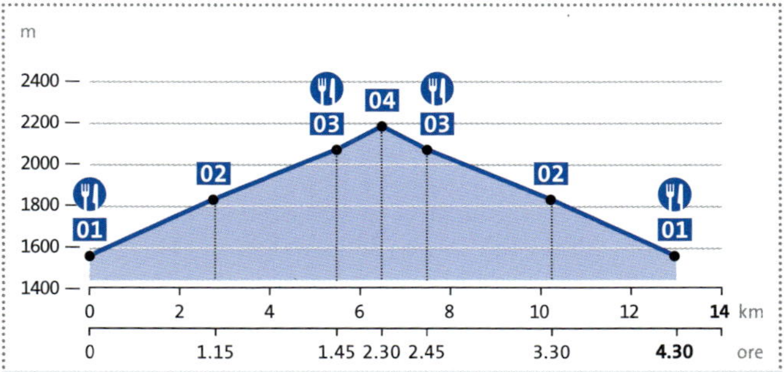

01 Pederü, 1548 m; 02 Lé Piciodel, 1819 m; 03 Rifugio Fanes, 2060 m; 04 Passo di Limo, 2174 m

Una meta tranquilla da raggiungere: il Rifugio Fanes.

ro prosegue a destra del torrente Vigilio, appena sopra Pederü, ai piedi di un'area molto ghiaiosa.
Un "gradino" più in alto si trova il **Lé Piciodel** (1819 m) **02**, poco profondo. Pini nani circondano il lago, con uno scolatoio sotterraneo visibile quando l'acqua è bassa. Dietro alla conca, al di sopra della quale si erge il Col Becheidessora (2794 m), continua la strada con qualche tornante (possibile accorciare) in alto fino al punto più basso dell'Alpe di Fanes, dove si trova il Rifugio Lavarella (2042 m) vicino al **lago Lé Vert**. A destra si prosegue lungo la strada fino al **Rifugio Fanes** (2060 m) **03** e poi per due tornanti fino allo **Ju de Limo** (2174 m) **04**, dove si trova anche l'omonimo lago – con la cima Furcia Rossa sullo sfondo.
Discesa: Vedi salita. Un'alternativa per chi ha problemi con le ginocchia è la strada militare nella parte più bassa.

2452
2383
2336
2282
2276
2189
Sas dai Tamersc
2141
Col dles Fozöres
2357
Rif. Munt de Sënes
2176
Tamersc
1432
2255
Plan Pescu
Col de Lasta
2248
Picio-
2126
Gran-
2297
2311
Sennessee
Lago di Sene
2050
2000
1600
2204
Gran Parëis
2111
1703
Vedla
2061
Nea
2029
1980
2300
8
M. Loires
2527
1895
Rif. Pederü
1548
2029
2271
2300
01
2300
Furcia dai Fers
2534
2371
2307
Côl de Rü
2076
Antoniusspitze
Piz de Sant Antone
2655
2425
V8
2064
2095
Antoniusjoch
Ju de Sant Antone
2466
2450
2489
2247
8
Col Banch dal Sé
2369
2475
1853
Sarënes
8
V8
2592
02
Piciodelsee
Lé Piciodel
Ciamin
2610
Kl. Fanesalm
M.ga Piccola Fanes
Ücia de Pices Fanes
2000
Forc. Ciamin
2395
2264
03
Faneshütte
Rif. Fanes
2060
2656
Lavarellahütte
Rif. Lavarella
2042
Piza de Limo
2244
Pareispitze
Col Bechei dessora
2736
Limojoch
Ju de Limo
Grünsee
Lé Vërt
2174
04
Limosee
Lé de Limo
2794
2580
2196
2593
2552
2229
2376
Gr. Fanes
2577
Sas dai Bec
2390
Gr. Fanesalm
2102
Malga Gran Fanes
Ücia de Gran Fanes
Rü de Fanes
L. de Fanes
2596
2562
2400
2342
2379
0
500 m
M. Vallon B
2509
2177

9 SASSO DI SANTA CROCE

Dalla piccola Alpe di Fanes al grande panorama

25.25 km | 9.00 ore | 1450 m | 1450 m | 624

PARTENZA | Rifugio Pederü (1548 m) in Val di Rudo, 12 km da San Vigilo di Marebbe. [GPS: UTM Zona 32 x: 732.794 m y: 5.169.510 m]
CARATTERISTICHE | Senza grande difficoltà ma molto lungo e quindi faticoso. Attenzione in caso di nebbia; eventuale pernottamento nei rifugi Lavarella o Fanes. Un consiglio: chi arriva in autobus a Pederü può scendere dal Sasso Santa Croce verso ovest in Alta Badia (vedi gita 20).

Una gita ricca di contrasti! Se durante la lunga salita da Pederü all'Alpe di Fanes sembra di essere in un cantiere geologico, allora sì che la sorpresa sarà maggiore quando di arriverà allo Jud dla Crusc: un'orizzonte infinito invece di tappeti di ghiaia e rocce frantumate, in profondità la verde Alta Badia, a sud luccica il tetto innevato della Marmolada (3343 m) – la cima più alta delle Dolomiti – al sole di mezzogiorno e a nord si intravede la catena principale delle Alpi.

▶ Il lungo giro inizia con la salita all'Alpe di Fanes. Il sentiero segnato prosegue lontano dalla pista polverosa e sale a serpentine dietro al **Rifugio Pederü** (1548 m) 01. Un tratto poco boscoso porta dal **Lé Piciodel** (1819m) 02 all'Alpe di Fanes, dove al **lago Lé Vert** si trova il **Rifugio Lavarella** (2042 m) 03.
Si prosegue dietro il rifugio verso destra fino ad arrivare a un bivio, si sale seguendo il sentiero 7 segnato in bianco e rosso, passando per terreno prima verde,

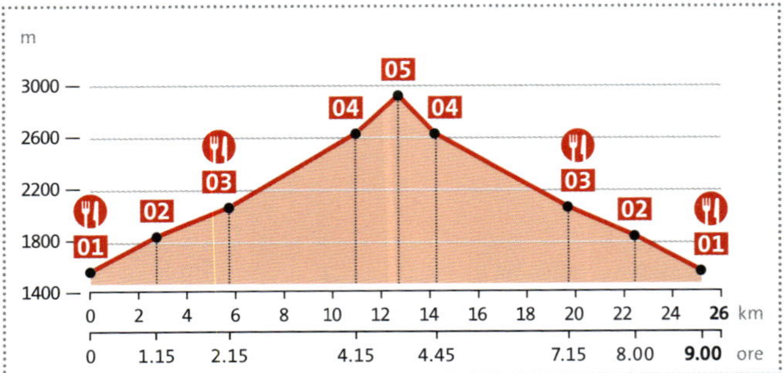

01 Rif. Pederü, 1548 m; 02 Lé Piciodel, 1819 m; 03 Rif. Lavarella, 2042 m; 04 Forcella Sasso di Santa Croce, 2612 m; 05 Sasso di Santa Croce, 2907 m

Dolomiti affascinanti: la parete ovest del Sasso di Santa Croce.

più avanti sempre più grigio e solcato dall'acqua. A destra domina la Cima Nove (2968 m), a sud invece il crinale che collega il Sas Daibec (2562 m) al Piz de Lavarella (3055 m). Ogni tanto si sente il fischio d'allarme delle marmotte che da queste parti vivono in grandi colonie.

Il sentiero scende leggermente da un crinale senza nome (ca. 2360 m) al **Gran Ciamplac**. Il sentiero dal Rifugio Lavarella sbocca dietro alla Costa dla Fora, è segnalato con il numero 12 e prosegue in direzione Forcella de Medesc. Sempre diritto si giunge allo **Ju dla Crusc** (2612 m) **04**. Si sale lungo il sentiero ben tracciato che ben due volte conduce lungo un precipizio (straordinaria vista in basso) verso la ghiaiosa cima del **Sasso di Santa Croce** 05. L'ultimo tratto fino al punto più alto è un pò impegnativo per via della ghiaia.

Discesa: Vedi salita. Al già menzionato bivio (sentiero 7 e 12) si può scegliere anche un'altra via di discesa che conduce per la **Val Parom** e porta anche al Rifugio Lavarella. A destra, un pò distante, si trova il piccolo laghetto **Lé Parom** (2311 m).

CIMA NOVE

Scalata al di sopra dell'Alpe di Fanes

15 km | 7.30 ore | 1333 m | 1333 m | 624

PARTENZA | Parcheggio per escursionisti al di sopra di Spëscia (1635 m) in La Val, arrivo da Pederoa in Val Badia (ben 6 km). [GPS: UTM Zona 32 x: 726.279 m y: 5.170.444 m]
CARATTERISTICHE | Itinerario impegnativo con grande dislivello e lunghe arrampicate (K 2 – 3). Attrezzatura da arrampicata!

La montagna è una vera attrazione! Il particolare tipo di roccia dona al Piz dales Nü un'aspetto inconfondibile – il sogno di ogni arrampicatore. Negli anni 1960, Reinhold Messner, insieme al fratello Günther e Hermi Lottersberger, inaugurò un'itinerario di V grado. Le lastre ben cesellate dall'acqua offrono un grip massimo, ma bisogna abituarsi all'idea di arrampicarsi su un fianco inclinato ad un'altezza di 250 m. Ci si sente letteralmente come una mosca su una parete. Unica differenza – l'insetto è capace di volare.

▶ Punto di partenza è il **Parcheggio Spëscia** (1635 m) **01** al di sopra di Spëscia. Su strade asfaltate si giunge nella pittoresca Valle di Fanes. La strada passa ad un sentiero una volta arrivati in vicinanza del bosco, infine una traccia ghiaiosa che conduce ripidamente fino allo **Ju de Sant Antone** (2466 m; bivacco aperto) **02**. La forcella è da tempi usata come passaggio nel Fanes. A destra si trova un cartello che indica in direzione Cima Nove. Si sale per pendii rocciosi, sempre seguendo i segnavia rosso, fino ad arrivare al lungo crinale est che a prima vista pare una cresta erbo-

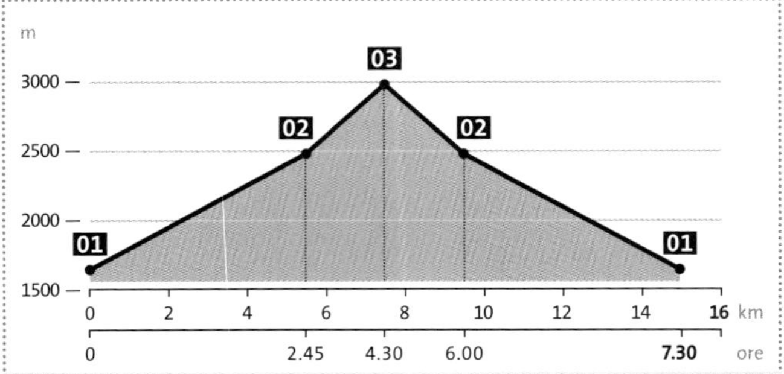

01 Parcheggio Spëscia, 1635 m; **02** Ju de Sant Antone, 2466 m; **03** Cima Nove, 2968 m

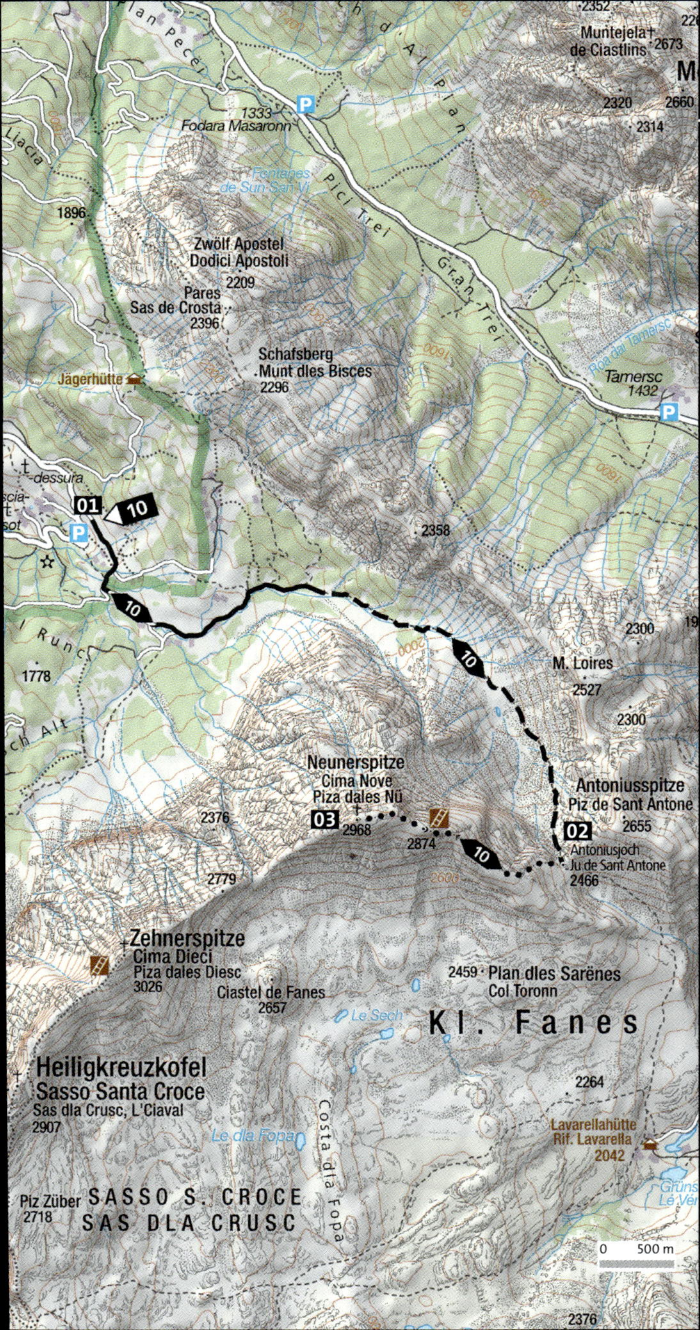
Muntejela de Ciastlins 2673
2352
2320
2660
2314
Plan Pecei
Al Plan
1333
Fodara Masaronn
Fontanes de Sun San Vi
Pici Trei
Gran Trei
Roa dai Tamersc
Tamersc
1432
Liacia
1896
Zwölf Apostel
Dodici Apostoli
2209
Pares
Sas de Crosta
2396
Schafsberg
Munt dles Bisces
2296
Jägerhütte
dessura
01
10
2358
2300
M. Loires
2527
2300
Runc
1778
Neunerspitze
Cima Nove
Piza dales Nü
03
2968
2874
2376
2779
Antoniusspitze
Piz de Sant Antone
02
2655
Antoniusjoch
Ju de Sant Antone
2466
2600
2000
Zehnerspitze
Cima Dieci
Piza dales Diesc
3026
Ciastel de Fanes
2657
2459
Plan dles Sarënes
Col Toronn
Le Sech
Kl. Fanes
Heiligkreuzkofel
Sasso Santa Croce
Sas dla Crusc, L'Ciaval
2907
Le dla Fopa
Costa dla Fopa
2264
Lavarellahütte
Rif. Lavarella
2042
Piz Züber
2718
SASSO S. CROCE
SAS DLA CRUSC
0 500 m
2376

Cima Nove – cresta dirupata.

sa, che nella parte terminale diventa molto rocciosa.
Circa 100 m di altitudine fino all'antecima (2874 m) sono muniti di fune metallica. Punto chiave è un tratto molto breve ma ripido. Infine si raggiunge senza fune, ma anche senza fatica, la vetta della **Cima Nove** **03**. Il panorama è fantastico, la vista sul Piz de Lavarella (3055 m) è grandiosa. Attenzione a chi soffre di vertigini!
Discesa: Vedi salita. Dallo **Ju de Sant Antone** si può anche scendere a sud fino al Rifugio Lavarella.

La Cima Nove vista da La Val.

ATTORNO AL SASS DE PUTIA

Giro panoramico tra il Passo delle Erbe e la Forcella de Putia

13.25 km | 4.15 ore | 650 m | 650 m | 624

PARTENZA | Passo delle Erbe (1987m), strada del passo tra la Val Badia e la Valle Isarco, 13 km da San Martino in Badia.
[GPS: UTM Zona 32 x: 715.179 m y: 5.172.882 m]
CARATTERISTICHE | Poco faticoso, ben segnato; attraversamento di pendio al di sopra del torrente Schartenbach. Attenzione in caso di grande umidità.

L'alta e rocciosa fronte del Sass de Putia è un'attrazione ben visibile dal fondovalle della Val Badia ed è in netto contrasto con i pendii boscosi circostanti. La sua posizione isolata, come un pilastro d'angolo a nord ovest delle Dolomiti, rende possibile aggirare il monte e offre uno splendido panorama. Punto di partenza ideale è la strada del Passo delle Erbe, il punto più alto della cosiddetta "**Strada delle Dolomiti**" che collega Bressanone alla Val Badia.

▶ L'itinerario ha inizio al **Passo delle Erbe** (1987 m) 01, cominciando con una strada sabbiosa, sempre in direzione dell'imponente lato nord del Sass de Putia.
La montagna offre un'interessante sezione dei diversi strati di roccia: la pietra arenaria della Val Gardena – facile da riconoscere grazie al suo colore rossiccio – gli strati bianchi, gli strati Werfen, oltremodo ricchi di fossili e il calcare conchilifero. Sopra questi strati si trova il corpo della montagna, la tipica "dolomia dello Sciliar," ca.

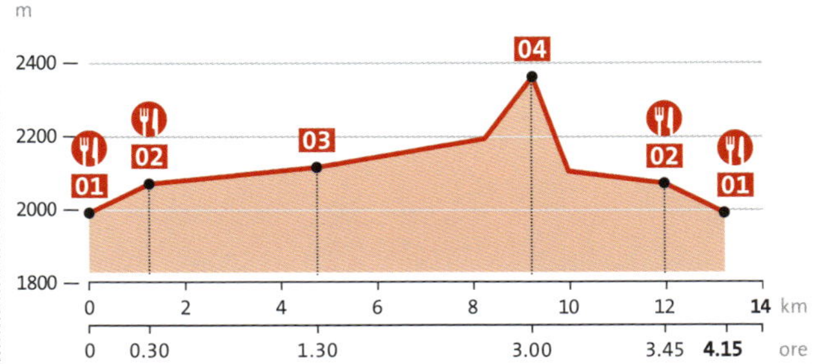

01 Passo delle Erbe, 1987 m; 02 Munt de Fornela, 2067 m; 03 Passo Göma, 2111 m; 04 Forcela de Putia, 2357 m

600 m fino alla croce di vetta. - La classica stratificazione dolomitica! La via si biforca al punto di ristoro **Munt de Fornela** (2067 m) **02**, il sentiero 8 B conduce a sinistra, con leggero saliscendi, per un tratto poco boscoso fino all'**Ütia Göma** (2036 m). Dietro il rifugio si scende prima per qualche metro, poi si risale leggermente fino al **Passo Göma** (2111 m) **03**, dove si apre una bella vista sull'Alta Badia. Si continua, sempre con un bel panorama attraverso i prati del Sass de Putia, in parte lungo un polveroso sentiero di montagna. Al Rio Seres si lascia il sentiero e si sale fino alla **Forcela de Putia** (2357 m) **04**, seguendo il segnavia 35.

Discesa: Al di là del passo, si scende lungo il ripido e roccioso fosso del torrente Scharten, fino a giungere ad un cartello che a destra indica verso il Passo delle Erbe. Si prosegue lungo un sentiero stretto verso il lato ovest del Sass de Putia (attenzione in caso di umidità!), poi scendendo leggermente per prati fioriti fino al **Rifugio Fornela** **02**, dove l'itinerario si chiude per ritornare al **Passo delle Erbe** **01**.

Un grande roccione: il Sass de Putia.

Giogo di Alfarei
Ju d' Alfarëi
2256
Munt d'Antermeia
Maurerberghütte
Rif. Montemuro
2120
Pecolhütte
Ütia de Pecol
1930
Schwarzbach
R. Fontanella
· 1951
Alfarëi
Colatsch
Col
Colac
Untermo
Antermoia
Antermëia
Biei
Plaza
Slaifer
Sotiac
Feur
Chel Büsc
Roncac
Ciarati
Val dal Carga
Bad Valdander
Al Bagn
1542
1436
1591
Sorg. Solforea
Untermoibach
Ru d'Antermeia
Kurtatscher
Costacia
2120
Pe de Börz
1862
Almgasthof
Würzjochhütte
Ütia de Börz
Alb. alpino
2008
· 2057
Würzjoch
P.so delle Erbe
1987
Würzalmhütte
01
11
2008
Ütia Cir
La Ciasota
1604
Bosch de Col Fosc
1954
Sarigaces
2067
Munt de Furnela
02
Ütia Göma
2036
Frapes · 2179
Col Costacia
03
2199
Göma
2111
Peitlerkofel
Sas de Pütia
Roes de Pütia
2875
Kl. Peitlerkofel
2461
2813
Mesamunt
Ütia Vaciara
Vaciara
Pra de Pütia
Avares
04
2357
Peitlerscharte
Forcela de Pütia
Fornates
Munt de Vi
Kreuzberg
M. della Croce
2300
Costa
Campill
Longiarü
Lungiarü
Freines
Cap. Ciancidel
Sëres
Frëina
Misci
1568
Vanc'
Lüch de
Tlisöra
2340
Kreuzkofeljoch
P.so Poma
Furc. de Munt de Furcia
Rif. Genova
2306
Bronsoijoch
Alpe Pares
Munt d'Adagn
Sobutsch
2486
Juac
2247
2421
1602
Pares
Malga
Cir
Lagaciò
Sorg. Pares
Besadura
2293
0 500 m

SASS DE PUTIA DAL PASSO DELLE ERBE

Una montagna dal bel profilo

12 km | 5.30 ore | 950 m | 950 m | 624

PARTENZA | Passo delle Erbe (1987 m), strada del passo tra la Val Badia e la Valle Isarco, 13 km da San Martino in Badia.
[GPS: UTM Zona 32 x: 715.179 m y: 5.172.882 m]
CARATTERISTICHE | Gita molto famosa con parte finale rocciosa, gli ultimi 100 m di altitudine sono assicurati. Assolutamente indispensabile – esperienza in montagna e passo sicuro! Escursionisti evitano il tratto finale, ai piedi delle rocce proseguono a sinistra verso il Piccolo Sass de Putia (2813 m) che offre una vista altrettanto bella (traccia).

Chi si avvicina al Sass de Putia (2875 m) da nord, ad esempio arrivando da Untermoi, potrebbe non credere che questa vetta è abbastanza facile da raggiungere. Ciò nonostante bisogna superare una piccola tratta rocciosa anche sul facile retro della montagna, gli ultimi 100 metri sono assicurati con funi metalliche e ganci in ferro e richiedono un po' di esperienza. Questo fatto non nuoce alla popolarità del monte, spesso frequentato da 200 a 300 escursionisti nelle belle giornate di sole del periodo estivo. Ovviamente ne soffre la tranquillità montanara, ma non la vista che veramente ha tanto da offrire. L'orizzonte spazia dall' Adamello fino al Großglockner, molto più vicine sono le cime e le lunghe creste dei "Monti pallidi": mete per una mezza vita. Le vette dell'Alta Badia si presentano in modo molto bello, dall'altopiano della Gherdenacia con

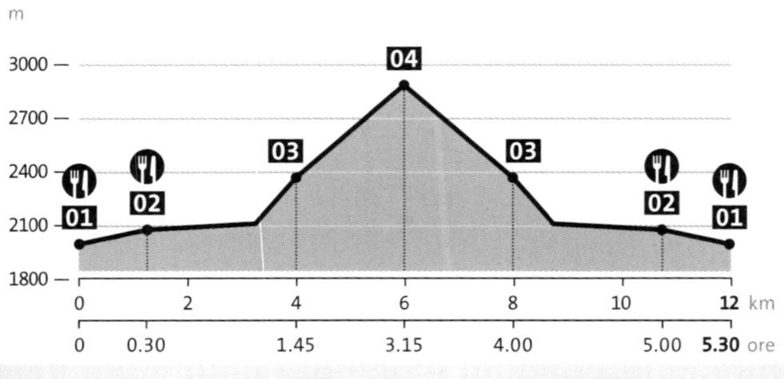

01 Passo delle Erbe, 1987 m; 02 Munt de Fornela, 2067 m; 03 Forcela de Putia, 2357 m; 04 Sass de Putia, 2875 m

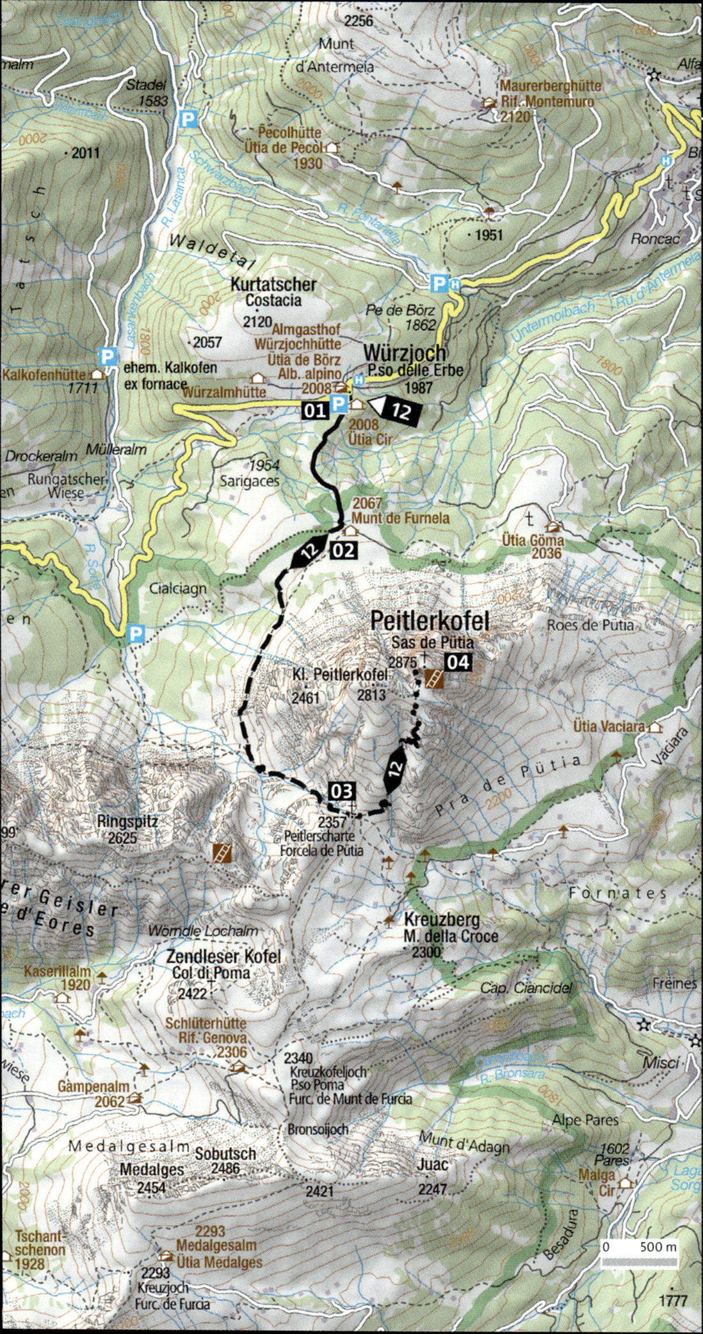
2256
Munt
d'Antermeia
Stadel
1583
Maurerberghütte
Rif. Montemuro
2120
Pecolhütte
Ütia de Pecol
1930
2011
R. Lasanca
Schwarzbach
R. Fontanella
1951
Roncac
Waldetal
Kurtatscher
Costacia
2120
2057
Almgasthof
Würzjochhütte
Ütia de Börz
Alb. alpino
2008
Pe de Börz
1862
Würzjoch
P.so delle Erbe
1987
Untermoibach
Ru d'Antermeia
Kalkofenhütte
1711
ehem. Kalkofen
ex fornace
Würzalmhütte
01
12
2008
Ütia Cir
Drockeralm
Mülleralm
Rungatscher
Wiese
1954
Sarigaces
2067
Munt de Furnela
02
Ütia Göma
2036
R. Sorte
Cialciagn
Peitlerkofel
Sas de Pütia
2875
04
Roes de Pütia
Kl. Peitlerkofel
2461
2813
Ütia Vaciara
Vaciara
Pra de Pütia
03
Ringspitz
2625
2357
Peitlerscharte
Forcela de Pütia
Fornates
Kreuzberg
M. della Croce
2300
Wörndle Lochalm
Zendleser Kofel
Col di Poma
2422
Kaserillalm
1920
Cap. Ciancidel
Freines
Schlüterhütte
Rif. Genova
2306
2340
Kreuzkofeljoch
P.so Poma
Furc. de Munt de Furcia
Misci
R. Bronsara
Gampenalm
2062
Alpe Pares
Bronsoijoch
Munt d'Adagn
Medalgesalm
Sobutsch
2486
Medalges
2454
2421
Juac
2247
1602
Pares
Malga
Cir
Besadura
Tschant-
schenon
1928
2293
Medalgesalm
Ütia Medalges
2293
Kreuzjoch
Furc. de Furcia
0
500 m
1777

Alle rocce della vetta del Sass de Putia.

le cime del Puez, il massiccio del Sella, gli alpeggi del Pralongiá fino alle cime dei gruppi di Fanes, Conturines, Lavarella e il massiccio del Sas dla Crusc.

▶ La gita inizia molto tranquilla, conduce dalla depressione del **Passo delle Erbe** (1987 m) **01** lungo un sentiero sabbioso fino al **Munt de Fornela** (2067 m) **02**, poi fino al lato ovest del Sass de Putia, senza molto dislivello.
Nella piccola vallata dello Schartenbach si giunge al sentiero che proviene dalla "**Strada delle Dolomiti**" e che conduce a zig zag fino alla **Forcela de Putia** (2357 m) **03**. Qui inizia la vera salita verso la vetta. Si prosegue a zigzag ed esposti lungo il fianco meridionale e poco ripido del monte, avvicinandosi sempre più alla cresta sud. Poco prima della vetta ormai vicina (2813 m, traccia verso sinistra) inizia il tratto roccioso. Il sentiero è assicurato da funi metalliche e ganci in ferro che facilitano la salita fino in vetta del **Sass de Putia** **04** con panorama stupendo.
Discesa: Vedi salita. Come alternativa si può anche prendere il sentiero dal **Passo Göma** al Passo delle Erbe.

NELLA VALLE DEI MULINI

Viles e mulini

6 km | 2.00 ore | 225 m | 225 m | 624

PARTENZA | Longiarù (1396 m), fermata dell'autobus e parcheggio in paese. [GPS: UTM Zona 32 x: 719.060 m y: 5.169.279 m]
CARATTERISTICHE | Passeggiata culturale in fondovalle.

Le Viles sono una caratteristica della Val Badia, dei casali formati solo da un paio di cascine, su in alto sui pendii, preferibilmente sul lato sud. Un buon esempio per questo vecchio insediamento ladino sono le Viles nella Valle di Longiarù. Queste case – fatte di legno o di pietra – si raggruppano nella piazza del paesino. A Seres esistono un forno (che tutt'oggi viene usato), un abbeveratoio di legno e una "favà", dove in autunno vengono appesi i fagioli per seccare.
La piccola gita non passa soltanto per gli abitati di Seres e Miscì ma attraversa anche la Valle dei Mulini. La via di ritorno passa presso un interessante forno da calce, restaurato a regola d'arte. È presumibile che in tempi passati esistessero una mezza dozzina di questi forni.

Dalla piazza di **Longiarù** 01 si parte prima proseguendo lungo una strada normale, poi per un sentiero tra i campi (segnavia 4) a destra del torrente ci si addentra nella valle. Dietro all'abitato di **Freina** (1461 m) si sale verso **Seres** (1568 m) 02, un paesino molto pittoresco.
Dietro all'abitato si cammina lungo una strada ghiaiosa verso la Valle dei Mulini, poi si attraversa il torrente verso sinistra. Da qui si prosegue a scelta verso **Miscì** (1621 m) 03, un abitato più grande con due piazze e ricco di piccoli detta-

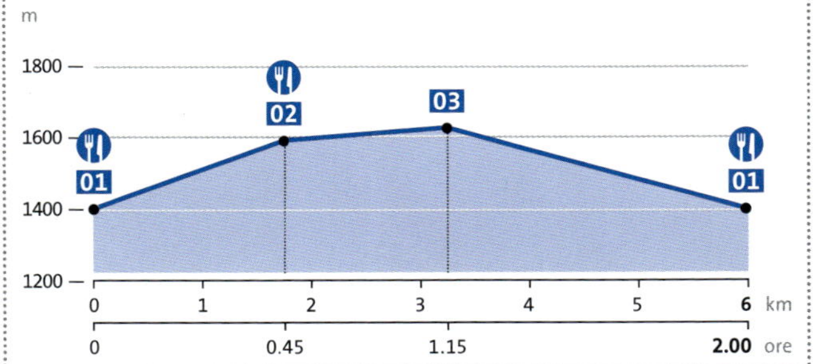

01 Longiarù, 1396 m; 02 Seres, 1586 m; 03 Miscí, 1621 m

L’acqua scorre di nuovo da qualche anno a questa parte: la Valle dei Mulini.

gli architettonici, oppure si scende seguendo il torrente.
Qui si trovano non meno di otto mulini ad acqua. L'insieme è stato restaurato a regola d'arte. Come nel passato, l'acqua scorre di nuovo nei canali di legno e le imponenti ruote dei mulini girano. Il mulino più in basso si trova vicino alla strada per Seres. Gli altri "Morins" si raggruppano lungo il torrente.

Discesa: Un sentiero scende da Miscì verso l'ingresso della Valle dei Mulini. Si continua per una strada asfaltata, passando davanti al vecchio forno da calce fino a tornare a **Longiarù** 01.

SASS DE PUTIA DA LONGIARÙ

Punto panoramico ai margini delle Dolomiti

13 km | 6.45 ore | 1335 m | 1335 m | 624

PARTENZA | Parcheggio (ca. 1540 m) lungo la strada da Longiarù verso Seres e Miscì [GPS: UTM Zona 32 x: 718.043 m y: 5.168.179 m]
CARATTERISTICHE | Salita alla vetta con finale roccioso, forte dislivello, importante essere in ottime condizioni fisiche. Gli ultimi 100m di altitudine sono rocciosi ma ben assicurati.

Punto di partenza preferito per questa gita è il Passo delle Erbe (vedi gita 12). Chi parte dalla Valle di Longiarù ha da superare un grande dislivello, ma ha anche la certezza di non doversi mettere in "coda" ad una massa di escursionisti. È anche possibile ammirare i mulini restaurati, praticamente "passandoci davanti" (gita 13).

▶ Dal **parcheggio** 01 alla fine della Valle Longiarù (ca. 1540 m) si cammina lungo la strada fino al torrente Seres. Qui si gira a sinistra (grande tabellone informativo) e in direzione della vallata, passando davanti ad alcuni mulini. Al di sopra dei mulini il sentiero sbocca in un sentiero ghiaioso che sale ripidamente lungo la vallata che poi diventa un canalone.
Arrivati ad un **tabellone informative del parco naturale** (1822 m) 02, si gira verso sinistra. Poco più avanti si giunge ad un bivio. Qui si gira a destra (segnalavia 4B). Nel fosso del torrente Seres si prosegue verso l'alto, uscendo presto dal bosco. Sugli alpeggi del Sass de Putia si giunge ad una strada sterrata. La si segue, tenendosi sul lato sinistro, poi si sale verso la **Forcella**

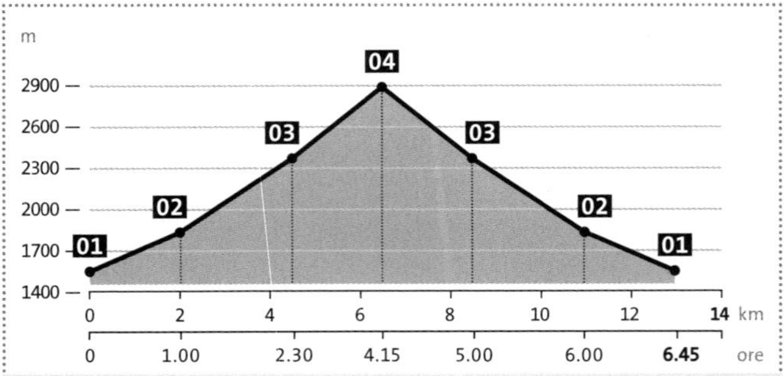

01 Parcheggio, 1540 m; 02 Tabellone informativo parco naturale, 1822 m; 03 Forcela de Putia, 2357 m; 04 Sass de Putia, 2875 m

de Putia (2357 m) **03**, seguendo i segnavia. Qui confluiscono tutti i sentieri e ha inizio la salita verso la vetta. Il sentiero prosegue a zig zag per il lato sud poco ripido, avvicinandosi sempre più al crinale sud.
All'altezza della cima vicina (2813 m; traccia verso sinistra) si giunge alle rocce. Ganci in ferro

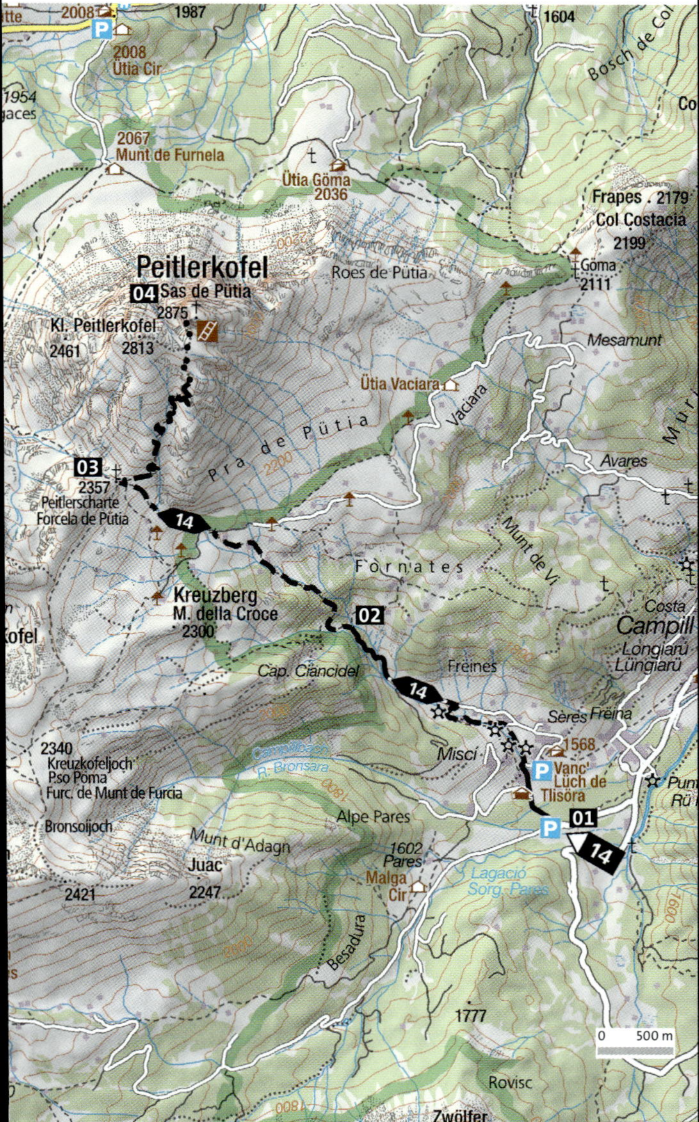

Vetta ripida con "facile lato posteriore": il Sass de Putia.

e nuove funi metalliche assicurano e facilitano questo breve tratto fino in vetta del **Sass de Putia** **04** e al grandioso panorama.

Discesa: Vedi salita. Il Rifugio Genova al Passo Poma (2297 m) si trova a mezz'ora di distanza dalla forcella, verso sud, ed è aperto in estate.

MUNT DA MEDALGES

Malghe al di sopra della Valle di Longiarù

14.5 km | 5.30 ore | 950 m | 950 m | 624

PARTENZA | Parcheggio (ca. 1540 m) a sud di Longiarù, lungo la strada per Miscì. [GPS: UTM Zona 32 x: 718.043 m y: 5.168.179 m]
CARATTERISTICHE | Itinerario vario in un angolo tranquillo delle Dolomiti. Sentieri ben segnalati, in parte anche strada sterrate.

La Valle di Longiarù, rinchiusa a sud e a ovest dalle pareti dirupate delle Dolomiti, è ancora un incontaminato idillio di montagna. Nella vallata ci sono vecchi fienili, storti dal vento, prati e boschi si danno il cambio. Le campane delle mucche suonano, non si sente nessun impianto ronzare, né le canzoni di DJ Ötzi nelle baite. Silenzio perfetto per tutti coloro che amano la natura, i fiori sui prati (non concimati). È bello passeggiare in questa natura meravigliosa, pensando ad una perfetta giornata in montagna che culmina al Munt da Medalges, dove si apre una vista stupenda sulla vicina Val di Funes. La malga invita a fare merenda, lontano dal chiasso che di tanto in tanto avvolge il Rifugio Genova. Chi invece preferisce continuare verso la vetta, accorcia direttamente alla cima, seguendo il sentiero prativo.

▶ Dal **parcheggio** (ca. 1540 m) 01 si continua lungo la strada sabbiosa che sale solo leggermente, uscendo dalla vallata. Dopo circa un chilometro si sale a destra direttamente fino al Passo Croce/ Furc de Furcia. La strada verso la chiusa della vallata costeggia il torrente. Le piste a destra e sinistra vengono ignorate fino a

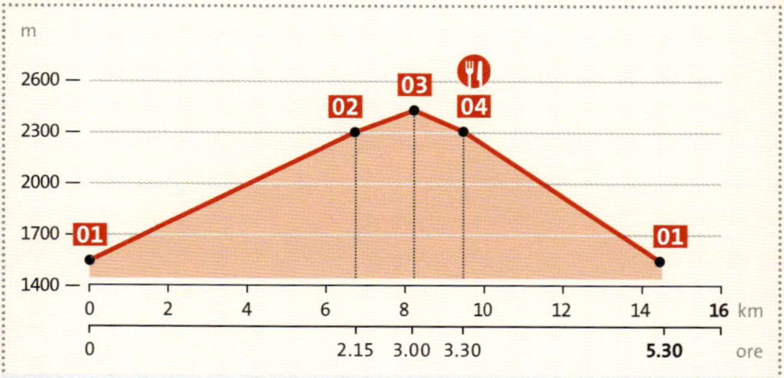

01 Parcheggio, 1540 m; 02 Furc de Furcia/Passo Croce, 2293 m; 03 Juac, 2421 m; 04 Rifugio Genova al Passo Poma, 2297 m

Il Rifugio Genova al Passo Poma.

quando si raggiunge l'area idilliaca degli alpeggi in fondo alla vallata. La strada diventa un sentiero che continua a salire per i prati fino al Munt de Vila (fonte), fino a giungere alla "Strada delle Dolomiti 2". L'itinerario conduce per un pendio pietroso fino al **Passo Croce** (2293 m) **02**, dove si apre una vista stupenda sulla Valle di Funes. Le Cime delle Odle svettano nel cielo – e sono in contrasto con il verde dei boschi e dei prati! Si prosegue su terreno piano fino alla **Malga di Medalges** (2293 m) che promette un doppio piacere: una vista magnifica sulla Valle di Longiarù e le sue montagne, in più una buona merenda altoatesina. Le cime più alte si trovano a sud, le Cime Puez (2913 m) e il Piz Duleda (2909 m). Scalate vengono quasi solo dal retro, su sentieri relativamente facili. Il lato nord dirupato è invece poco invitante, enormi

ammassi di detriti dimostrano che neanche le montagne sono fatte per l'eternità.
Sul lato solatio del Munt da Medalges si sale ancora per un un po' fino al bordo dello **Juac** (2421 m) **03**. Ecco apparire il "monte di casa" di Longiarù, il Sass de Putia (2875 m). Il sentiero a zig zag verso la vetta è ben visibile e conduce per il roccioso lato sud della montagna.
Il **Rifugio Genova** è un punto d'appoggio del Sass de Putia, ma anche un'amata meta (2306 m) **04**. La casa si trova appena sotto il Passo Poma (2340 m), già dal 1898. L'idea per la costruzione l'ha avuta il famoso scalatore bolzanino Johann Santner, che ha anche dato il nome ad una torre rocciosa dello Sciliar e ad un passaggio del Catinaccio (Cima Santer, Passo Santner). Le spese le ha sostenute Franz Schlüter, un commerciante di Dresda, che in seguito ha regalato la casa alla sezione del club alpino.
Discesa: Conduce dal Passo Poma per pendii erbosi in basso fino ad un vallone boscoso (segnalvia 4), passando da una malga, raggiungibile tramite una strada. Al torrente Seres si giunge ad una strada sabbiosa che sale da Longiarù. La si segue per circa un chilometro, poi si imbocca il sentiero dei mulini che segue il torrente – passando dagli otto mulini (vedi gita 13) – scendendoo fino alla strada per Longiarù. Su questa strada si ritorna al **parcheggio** **01**.

CRËP DALES DODESC

Punto panoramico sopra la Valle di Longiarù

14.5 km | 5.30 ore | 914 m | 914 m | 624

PARTENZA | Longiarù/Campill (1396 m) nell'omonima vallata laterale della Val Badia. Parcheggio all'abitato di Frëina. Lungo la forestale è possibile raggiungere il bivio sotto al Passo Juel anche in macchina, poi altri 3 km.
[GPS: UTM Zona 32 x: 718.597 m y: 5.168.529 m]
CARATTERISTICHE | Itinerario facile fino alla cima, salita tra i prati fioriti del lato sud.

La vetta rocciosa e decorata da una croce, salta subito all'occhio dei visitatori della Valle di Longiarù, invece il Crëp dales Dodesc non ha tanti visitatori. Per un qualche motivo questo monte si trova all'ombra delle altre cime. Questo fatto non riduce il fascino della gita e mentre al Rifugio Genova gli escursionisti aspettano impazientemente che arrivi il loro "Kaiserschmarren" (frittata dolce sminuzzata, con uvetta, e cosparsa di zucchero), soltanto le taccole volano attorno al punto più bello del Gruppo del Puez, aspettando di ricevere qualche briciola delle merende (portate con lo zaino).

La forestale larga conduce dal **parcheggio** (ca. 1470 m) **01** in piano lungo il Rü de Lungiarü (scuderia a destra), poi fa una gran volta e sale in direzione sud verso i prati di Mangrofëgns. Nel bosco si continua la salita fino al **bivio** **02** (ca. 1660 m; da qui divieto di transito). La larga sella del Juel (1725 m) si trova sulla sinistra. Si segue la strada che conduce all'Antersasc,

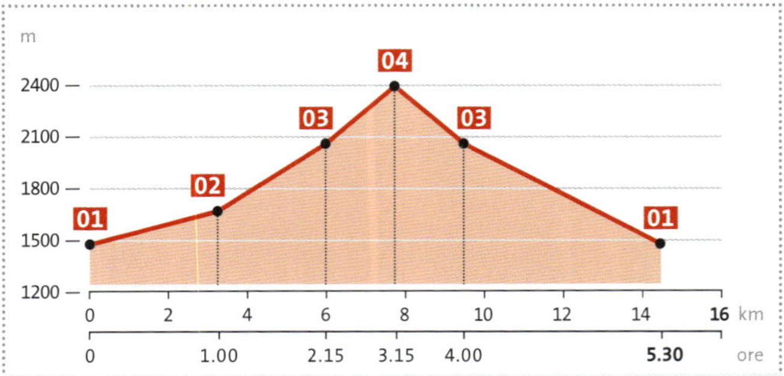

01 Parcheggio, 1470 m; **02** Bivio, 1660 m; **03** Sella, 2050 m; **04** Crëp dales Dodesc, 2384 m

Ütia Vaciara
Vaciara
Pra de Pütia
Muriac
Tama
Plan
Lagoscel
Coristeles
Ties
1326
Avares
Vi
1576
Fornates
Munt de Vi
Costa
Campill
Longiarü
Lüngiarü
Vila
1396
Pecëi
Cap. Ciancidel
Freines
Sëres
Frëina
Prad
Misci
1568
Vanc'
Lüch de
Tlisöra
01
Punt de
Rü Fosch
16
Alpe Pares
1602
Pares
Malga
Cir
Lagaciò
Sorg. Pares
Tschengles
Cëndles
1953
Col Cöce
1668
Besadura
1618
Pescol
1777
Juvel
1725
1449
02
Rovisc
Sotgherdë
Col da Oi
1860
Zwölfer
Crëp dales Dodesc
2384
2397
04
Zwischenkofel
Antersasc
2471
03
Somamunt
2366
2644
2180
2314
Col Plö Alt
2085
Zwischenkofelalm
M.ga. Antersasc
2492
Col Toronn
Ciampani
2668
Puezjoch
Forc. de Puez
2517
Montigela
2666
Muntejela
Pre Janin
2180
2725
Puezkofel
Col del Puez
Puezhütte
2475
2227
Col dala Sone
2633
Ütia Gherdenacia
2050
Font. Zirmer
0
500 m
Forc. de Gherdenacia
Gardenazza-Scharte
2548
2257

passando tra alte pareti rocciose e terminando ad una cava di ghiaia. Ora si prosegue in salita su buoni sentieri verso l'alta valle pittoresca e silenziosa, dove si trova la malga dell'Antersasc (2085 m). Si trova all'interno del parco naturale Puez – Odle. Il tentativo di realizzare un accesso stradale, fu impedito qualche anno fa. Alla piccola **sella** 03 prima di arrivare al Munt de Antersasc (ca. 2050 m), si lascia il sentiero di malga per seguire una stretta traccia che sale a destra per ripidi pendii. Importante prestare attenzione ai pallidi segni rossi!

Il piccolo sentiero aggira la parte rocciosa, conducendo a sinistra verso un fosso erboso, poi si sale ripidamente per i pendii erbosi fino al crinale. Dalla forcella (grandiosa vista in basso) a destra aggirando un poggio verde e in seguito in piano attraverso il prato di vetta, grande quanto un campo da calcio, fino alla croce del **Crëp dales Dodesc** 04. Attenzione: rocce scoscese su tre lati!

Discesa: Vedi salita fino all'uscita della vallata del Antersasc. Come alternativa, il sentiero segnalato che devia a sinistra e che sbocca al di sopra dei prati di Mangrofëgns nella strada per Juel. La si segue fino al torrente Longiarù e si ritorna al **parcheggio** 01.

L'idilliaca malga dell'alpeggio di Antersasc.

SAS DE CROSTA

Tranquilla vetta sopra La Val

10.75 km | 5.00 ore | 806 m | 806 m | 624

PARTENZA | Parcheggio (1590 m) lungo la stretta strada verso l'abitato di Coz; arrivo da Pederoa per La Val. (1348 m), 6.5 km. [GPS: UTM Zona 32 x: 725.581 m y: 5.171.137 m]
CARATTERISTICHE | Itinerario vario sopra l'idilliaca valle di La Val. In parte strade sabbiose, salita alla vetta ripida e in parte difficile.

La Val appartiene, come anche Longiarù, alle regioni delle Dolomiti altoatesine, che non sono state sfiorate dal (dubbioso) progresso dello sport invernale di massa. Nessun ronzio degli impianti, niente neve artificiale, più contadini che albergatori. E tanta natura, della quale ci si può convincere durante la gita al Sas de Crosta. Solo le strade forestali e di malga disturbano di tanto in tanto il quadro idilliaco.

▶ Sulla carrareccia inizia anche il percorso. Dal **parcheggio** 01 si segue la strada sterrata che prima sale dolcemente e poi diventa una carrareccia molto ripida (bivio, segnavia 16). Sale attraverso un canalone verso i prati fioriti di Ciavaza, passando per alcuni fienili. Arrivati ad un poggio erboso (1967 m) con vista su tutta la vallata con il suo scenario montuoso, la salita devia a destra verso la vetta, e conduce in alto per un bosco rado fino ad un **fienile** (2020 m) 02. Il sentiero attraversa un canalone roccioso, salendo a zigzag fino al crinale (2296 m), dove ad un tratto ci si trova su un pianoro. Quindi si sale a sinistra, poi si scende per qualche metro in un

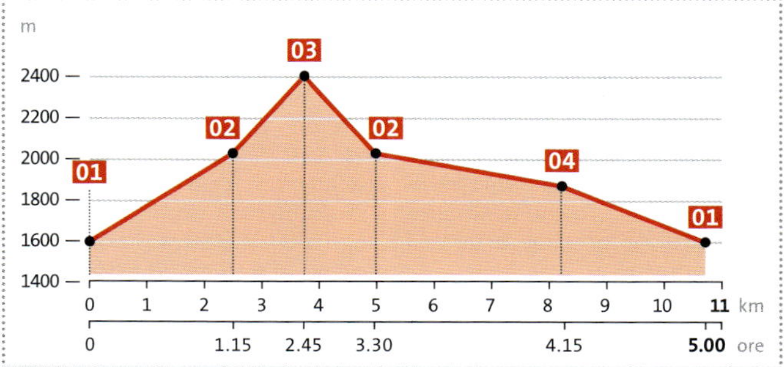

01 Parcheggio, 1590 m; 02 Fienile, 2020 m; 03 Sas de Crosta, 2396 m; 04 Ju de Rit, 1863 m

La Val di Rudo dal Sas de Crosta; in fondo a sinistra la Croda Rossa d'Ampezzo.

vallone – ed infine, oltrepassando qualche dosso – si giunge alla croce in vetta. La vista su La Val è magnifica. Dalla cima del **Sas de Crosta** 03 si gode una vista straordinaria in basso. A nord del monte si trovano alcune cime bizarre: i Dodici Apostoli.

Discesa: Vedi salita fino al **fienile** 02 già menzionato al confine con il Parco naturale Fanes – Senes – Braies (tabellone). Qui si sale a destra fino allo stradone che conduce in saliscendi in direzione nord-ovest fino ai prati di Marian, girando attorno al Crusc de Rit (2021 m) dove si giunge ad un punto panoramico (15 minuti tra andata e ritorno, segnavia), a destra e poi in basso fino allo **Ju de Rit** (1863 m) 04. Da qui si scende lungo una larga carrareccia, a sinistra si vede una pozza ormai inaridita, fino a giungere alla strada asfaltata. Si prosegue addentrandosi nella valle fino al **parcheggio** 01.

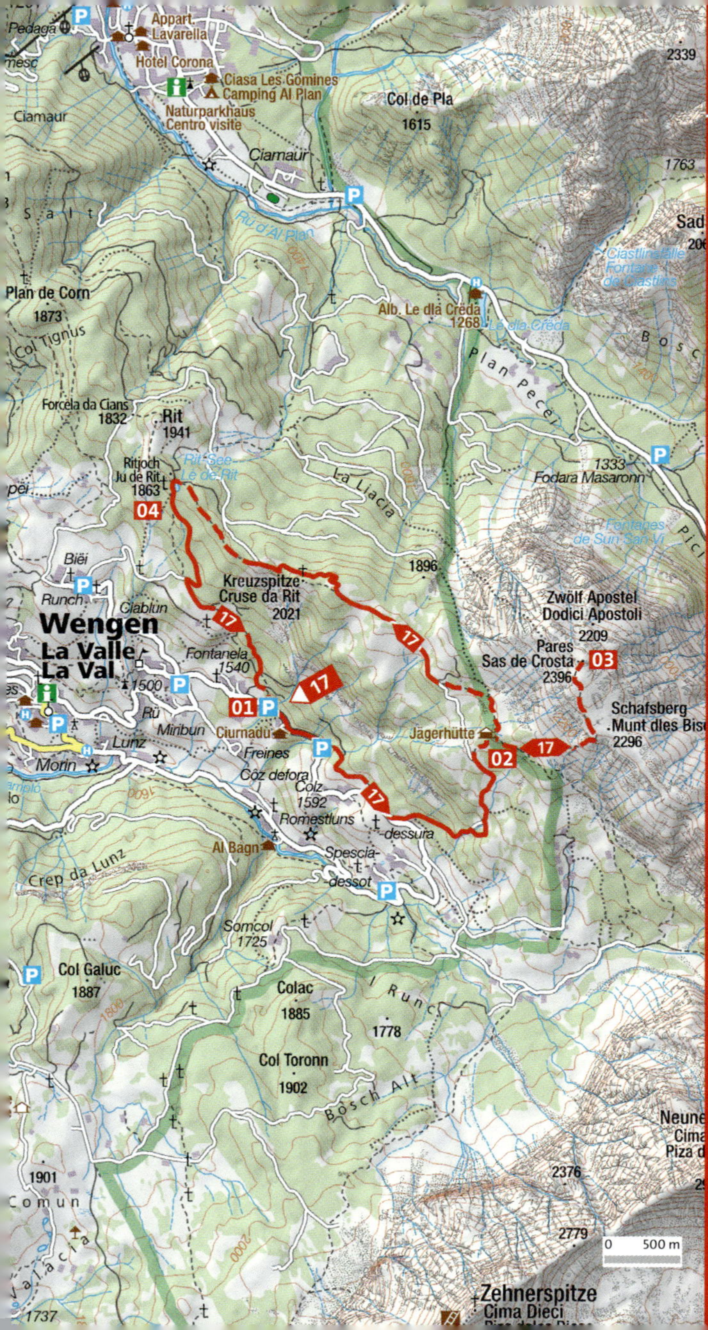
Pedaga
Appart. Lavarella
Hotel Corona
Ciasa Les Gomines
Camping Al Plan
Naturparkhaus
Centro visite
Ciamaur
Col de Pla
1615
Ciamaur
2339
1763
Rü d'Al Plan
Plan de Corn
1873
Col Tignus
Alb. Le dla Crëda
1268
Le dla Crëda
Plan Pecei
Ciastlins/Alle Fontane
de Ciastlins
Forcela da Cians
1832
Rit
1941
Ritjoch
Ju de Rit
1863
Rit-See
Lé de Rit
04
La Liacia
1333
Fodara Masaronn
Fontanes de Sun San Vi
1896
Biëi
Runch
Kreuzspitze
Cruse da Rit
2021
17
Ciablun
Wengen
La Valle
La Val
Fontanela
1540
Zwölf Apostel
Dodici Apostoli
2209
Pares
Sas de Crosta
2396
03
1500
01
Schafsberg
Munt dles Bis
2296
Rü
Miribun
Ciurnadù
Jägerhütte
02
Lunz
Morin
Freines
Cöz defora
Colz
1592
Romestluns
dessura
Al Bagn
Crep da Lunz
Spescia-
dessot
Somcol
1725
Col Galuc
1887
Colac
1885
1778
Runc
Col Toronn
1902
Bosch Alt
2376
2779
1901
Comun
Valacia
1737
0
500 m
Zehnerspitze
Cima Dieci

18

SANTA CROCE

Santuario e meta meritevole

12 km | 3.45 ore | 495 m | 495 m | 624

PARTENZA | Parcheggio sopra Spëscia (1635 m), arrivo da Pederoa a La Val – 6 km. [GPS: UTM Zona 32 x: 726.279 m y: 5.170.444 m]
CARATTERISTICHE | Piacevole itinerario al vecchio santuario sotto la grande parete del Sasso di Santa Croce. Bello specialmente in primavera, quando i prati di Armentara sono in piena fioritura.

La vecchia chiesetta del santuario fa parte delle mete più famose dell'Alta Badia. Si sale con la funivia fino al limite della vegetazione boschiva e si passeggia verso il piccolo edificio (gotico all'interno) con vista sulla grande parete del Sasso di Santa Croce (2907 m). La gente del posto lo chiama L'Ciaval (Il Cavallo), per lo strano colore rosso e marrone delle rocce. Secondo la leggenda, Santa Croce era un antico eremitaggio. Soprattutto in giornate di bel tempo, la solitudine sparisce, e tutt'attorno alle mete più belle si sente un gran chiasso. Quindi sarebbe meglio scegliere la salita che offre bei paesaggi e che attraversa la valle di La Val.

Dal **parcheggio** 01 si segue la carrareccia verso la Valle di Fanes, prima in piano, poi in salita, fiancheggiando il Rü de Ciampló. Arrivati ad un paio di fienili, si gira a destra verso il Sasso Santa Croce (segnavia). Il sentiero sale all'ombra, sempre in direzione del piede del massiccio della montagna. Passando da un paio di imponenti pezzi di roccia (2013 m) si giunge al Plansotsas, la "pianura sotto le rocce". Qui si consiglia di fare una scappatina alla "Grotta di neve" ai piedi della parete nord-

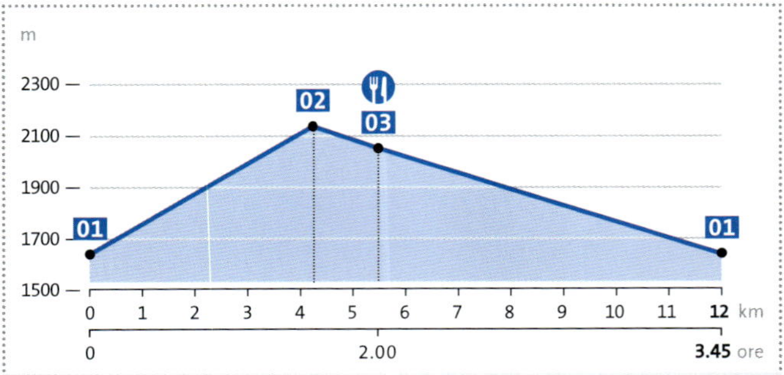

01 Parcheggio, 1635 m; 02 Crinale, 2130 m; 03 Santa Croce, 2045 m

Ritjoch
Ju de Rit
1863
Rit-See
Le de Rit
Ciampei
1516
La Liacia
1333
Fodara Masaronn
Fontanes de Sun San Vi
Biëi
Runch
Ciablun
Kreuzspitze
Cruse da Rit
2021
1896
Zwölf Apostel
Dodici Apostoli
2209
Cians
Wengen
La Valle
La Val
Fontanela
1540
Pares
Sas de Crosta
2396
Onates
1500
Rü
Schafsbe
Munt dle
2296
Miribun
Ciurnadù
Jägerhütte
Lunz
Freines
Morin
Côz defora
Colz
1592
Ciamplo
Romestluns
dessura
Al Bagn
Spescia-
-dessot
18
01
Crep da Lunz
Somcol
1725
Col Galuc
1887
Colac
1885
I Runc
1778
Col Toronn
1902
Bosch Alt
nch de
Andrè
1901
re Comun
2376
Valacia
2779
1737
Zehnerspitze
Cima Dieci
Piza dales Diesc
3026
02
Ciastel de Fane
2657
Rü de Ciadinat
Schutzhaus Heiligkreuz
Rif. S. Croce in Badia
2045 La Crusc
Heiligkreuzkofel
Sasso Santa Croce
Sas dla Crusc, L'Ciaval
2907
1820
Ütia Nagler
03
Ütia Lee
Lé dla Fopa
Lêch dla Lê
Piz Züber
2718
SASSO S. CROCE
SAS DLA CRUSC
Pascianta dù Alm / Malga
Munt de Castalta
demetz
1828
Castalta
1705
Ju dla Crusc
Kreuzkofelscharte
2612
0
500 m
Piz de Medesc

ovest della Cima delle Dieci (3026 m).
Si prosegue salendo brevemente fino ad un **crinale** (2130 m) **02**, in seguito il sentiero scende con bella vista sulla Val Badia verso il Sasso de Putia e la Gherdenacia fino al **Sasso Santa Croce** (2045 m) **03**. L'esistenza del santuario è documentata per la prima volta nel 1485. L'edificio risale al '500 e fu ingrandito e ristrutturato nel 1852.
La seggiovia di Pedraces termina poco più in basso del santuario. Qualcuno, però, può decidersi per l'antica via crucis (2 ore).

Discesa: La discesa ricorda il luogo di pellegrinaggio grazie agli altarini lungo il sentiero.
Da Santa Croce si prosegue verso nord, quasi senza dislivello, fino al dorso piatto del Col de Tramesc. Al bivio segnalato (croce, 2038 m) ci si tiene leggermente a destra e si segue il sentiero che attraversa i prati di Armentara, famosi per la bellissima fioritura. Il sentiero immette in una strada forestale, abbassandosi verso la radura di Somcol (1725 m), girando poi a destra e immettendosi nella via di salita da La Val. Lungo la strada si ritorna al **parcheggio** **01**.

La chiesetta di Santa Croce davanti alla parete del Sasso Santa Croce.

SANTA CROCE – SAN CASSIANO

Scendere in tranquillità

7.5 km | 2.00 ore | 30 m | 510 m | 624

PARTENZA | Stazione a monte seggiovia di Santa Croce (2015 m), stazione a valle presso la strada principale della Val Badia nel comune di Badia. [GPS: UTM Zona 32 x: 724.886 m y: 5.166.481 m]
CARATTERISTICHE | Gita adatta alle famiglie, sotto il massiccio di Santa Croce con bella vista sull'Alta Badia! Museo degli orsi!

È possibile combinare il giro con la funivia fino al santuario di Santa Croce e una facile escursione in montagna che offre una stupenda vista sulla Alta Badia, in lontananza si vedono anche alcuni antichi masi ladini, le cosidette "Viles": autentico un mondo rurale. A questo mondo appartiene anche un uomo che fece del bene lontano dalla sua patria ladina: Josef Freinademetz. Dopo essere diventato prete, andò in Cina come missionario: "Amo la Cina e i Cinesi, voglio morire qui ed essere sepolto qui con loro." Dopo la sua morte nel 1908 fu sepolto in Cina, quasi un secolo più tardi (nel 2003), fu santificato da Papa Giovanni Paolo II.

Dalla **stazione della seggiovia** (2015 m) **01** si passeggia in pochi minuti in alto verso il bel posto ai piedi delle pareti del Sasso di Santa Croce. All'**ospizio di Santa Croce** (2045 m) **02** inizia la gita che passa tra pini nani, radure nel bosco e prati, a sud, fino al Pre de Medesc. A sinistra si vedono le pareti del Sasso di Santa Croce, all'orizzonte verso sud si apre la vista sul bianco dei ghiacciaiai delle Marmolada e un po' più a destra si trova il Grup-

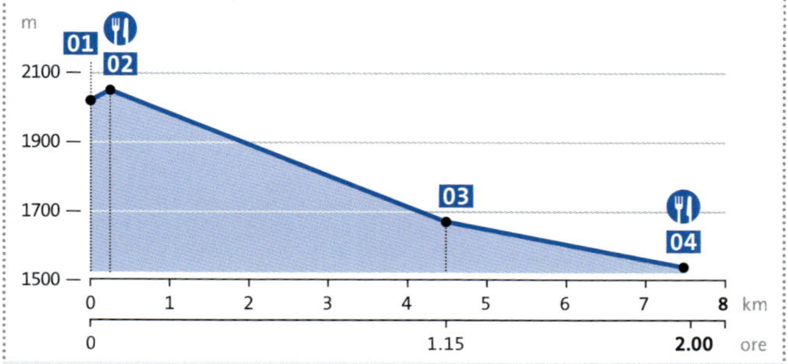

01 Stazione della seggiovia, 2015 m; **02** Santa Croce, 2045 m; **03** Rüdeferia, 1666 m; **04** San Cassiano, 1535 m

Museo Ursus ladinicus

Vale la pena di visitare il museo degli orsi a San Cassiano. Presenta numerosi oggetti ritrovati (cranii, ossa, denti) e l'intero scheletro di un orso di caverna, scoperto nella caverna su in alto al massiccio del Conturines, nel 1987, dall'appassionato collezionista di fossili Willy Costamoling di Corvara. Si imparano tante cose molto interessanti sul clima e la vita nelle Dolomiti di circa 40.000 anni fa. La caverna è stata riprodotta nel sotterraneo del museo, si vede anche un Ursus ladinicus in letargo.
Il museo è aperto dal 1° maggio a fine ottobre, martedí – sabato, ore 10–17 (luglio-agosto fino alle ore 18), domenica ore 14–18.

po del Sella. Al bivio segnalato (1974 m) ci si tiene sul lato destro, scendendo per il bosco fino al Rü dla Parüa. Al di là del torrente, il sentiero s'immette in una strada che si segue fino all'abitato di **Rüdeferia** (1666 m) 03. Si continua sul "Tru di Lersc", attraversando un pendio segnato dall'erosione, fino a raggiungere il bivio successivo, poi si scende leggermente a destra fino all'abitato di Larjëi. In fine si scende lungo una strada asfaltata fino a **San Cassiano** (1535 m) 04.

Patria ladina ai piedi del Sasso di Santa Croce.

Crafonara 1533
Pre Comun
Sotvalgiarëi 1519
Valgiarëi 1593
Costa 1334
Ciastel 1524
Sotciastel
Col d'Anvi 1659
Cialaruns
1737
Ruac
Alfarëi
Andrac
Rü de Piz
Rü de Ciedinat
Schutzhaus Heiligkreuz
Rif. S. Croce in Badia
2045 La Crusc
02
Côz 1380
St. Leonhard
S. Leonardo
San Linert
Runch 1421
1820
Ütia Nagler
19
01
Ütia Lee
Cianacëi
Rü Ciajo
Lêch dla Lé
Pedraces
1324
1515
Frëinademez
La Müda
Oies 1487
Geburtshaus des Heiligen Josef Freinademetz
Pascianta dú Alm / Malga Munt de Castalta 1828
Ciaminades
Anvi
Teresa
Sotrú 1468
Paracia 1420
Castalta 1705
Reslada 1619
Paraciora
Ütia Sompunt
Hotel Sompunt
Lech de Sompunt
Peslalz
Pescolderunch 1533
Rü dla Parüa
Sotsas
Stern
La Villa
La Ila
Ütia Sponata 1703
Suracianins 1568
Rü de Feria
Cianins dessot
Rüdeferia
03
Ciampidel
Ciasa Soleil
Schloss Colz
Rü Gran
Ruac 1438
R. Cadera
Costadedoi
1516
Tamors 1678
Col Pici Runc 1715
1500
Sopla 1524
St.Kassian
San Cassiano
San Ciascian
Fontanacia
Hotel Dolomiti
1675
19
Museum Lad
Ursus ladinic
(Bärenmuse
04
Plan 1560
Verda 1438
244
Bubjadac
Ütia Piz la Ila 2077
Piz la Ila 2078
Ütia La Fraina 2003
Ütia L'Ciampai 1900
2002
Ütia Piz Surega
Ütia Las Vegas 2011
Ütia la Para
Col Alt 1981
Ütia La Brancia
0 500 m

SASSO DI SANTA CROCE

"Itinerario da arrampicata"

13.75 km | 5.45 ore | 1100 m | 1100 m | 624

PARTENZA | Stazione a monte degli impianti Sasso di Santa Croce (2015 m), stazione a valle presso la strada della Val Badia nel comune di Badia . [GPS: UTM Zona 32 x: 724.886 m y: 5.166.481 m]
CARATTERISTICHE | Percorso impegnativo, indispensabili buona resistenza e passo sicuro nel tratto roccioso! In salita verso la forcella è possibile scegliere diverse vie, per i meno esperti è consigliabile usare un kit da arrampicata.

Chi alza lo sguardo verso la falange rocciosa, ad esempio da Pedraces, avrà difficoltà a credere che tra il Sasso di Santa Croce e il Piz de Medesc ci si possa arrampicare attraverso la parete, assicurati con funi metalliche e alcune groffe, ma comunque più sentiero normale che ferrata. Una buona condizione fisica, passo sicuro e assoluta mancanza di vertigini sono indispensabili per questo percorso con pericolo di caduta minimo. Solo pochi sono i tratti esposti, lo scenario è spettacolare: roccia verticale che svetta nel cie-

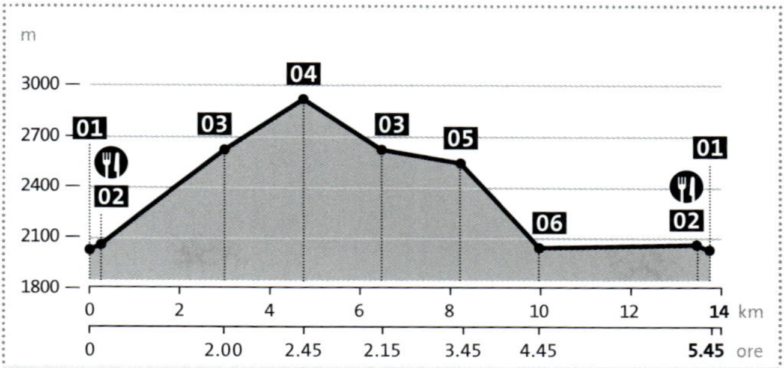

01 Stazione dell'impianto, 2015 m; **02** Santa Croce, 2045 m; **03** Ju dla Crusc, 2612 m; **04** Sasso di Santa Croce, 2907 m; **05** Forcella de Medesc, 2533 m; **06** Bivio, 2028 m

lo da un lato, vista stupenda sulla valle verde dell'Alta Badia dall'altro lato. A sud, la Marmolada con i suoi ghiacciai che luccicano al sole: la gioia di ogni alpinista.

▶ Dalla **stazione dell'impianto 01** si passeggia in pochi minuti fino all'**ospizio di Santa Croce 02**, una meta molto frequentata con il Santuario e la trattoria. Seguire le indicazioni per: Sasso di Santa Croce/Heiligkreuzkofel. Si giunge volcemente ai piedi del monte, passando in mezzo a pini nani e detriti. Funi metalliche

A contatto con le rocce della Cima Dieci

A nord del Sasso di Santa Croce si erge la Cima Dieci (in ladino: Sas dales Diesc, 3026 m), la vetta più alta del massiccio del Sasc dla Crusc. L'accesso segnalato devia appena sotto il Sasso di Santa Croce, conducendo a destra del crinale in direzione della ripida vetta. Ora si prosegue lungo la fune metallica ben tesa (si consiglia ai meno esperti di assicurarsi con il cordino!) fino al punto più alto, andata e ritorno 1.30 ore.

aiutano durante il primo tratto, poi si sale molto velocemente. Uno scalino roccioso è ben assicurato, una volta superato si apre una vista stupenda in basso! In seguito si attraversa verso destra, ai piedi di pareti ripide, fino ad arrivare a un campo di detriti. Sul lato sinstro (funi metalliche) si giunge con fatica alla **Ju dla Crusc** (2612 m) **03**. Il sentiero verso la vetta conduce verso sinistra, passando davanti ad alcuni omini in pietra. Il sentiero è sicuro, tranne due brevi tratti (vista vertiginosa!). Infine si giunge alla croce.

Dal **Sasso di Santa Croce** (2907 m) **04** si torna alla **Ju dla Crusc** **03**, poi si segue la traccia segnata di rosso verso est intorno al Piz de Medesc fino alla **Forcella de Medesc** (2533 m) **05**. Si scende per i detriti della Val Medesc. Al **bivio** segnalato (2028 m) **06** si gira a destra e si torna a leggero zig zag e con bella vista sulla Val Badia indietro fino a **Santa Croce** (2045 m) **02** e alla **stazione dell'impianto** (2015 m) **01**.

Parete ripida sul lato ovest del Sasso di Santa Croce.

LỆCH DLÀ LUNCH

Per chi ama i contrasti

11.25 km | 3.15 ore | 400 m | 400 m | 624

PARTENZA | Fermata autobus/parcheggio a La Villa (1420 m) [GPS: UTM Zona 32 x: 722.462 m y: 5.162.934 m]
CARATTERISTICHE | Lunga passeggiata per i boschi, ritorno lungo il Rio Gadera (oppure con l'autobus SAD).

L'Alta Badia, fino a cent'anni fa "alla fine del mondo", fa ormai parte delle regioni più turistiche delle Alpi italiane. Questo fatto non ha portato solo ricchezza alla valle, ma anche dei cambiamenti meno belli: impianti invece di sentieri, piste da sci invece di prati d'alta montagna, alberghi, strade, chiasso. Al di sopra di tutto questo – le vette: il massiccio del Sasso di Santa Croce, i bastioni dolomitici di Lavarella e Conturines, le cui pareti sono visibili in mezzo agli alberi che fortunatamente nascondono anche i mostri edilizi. Al piccolo Lêch dlà Lunch sembra di venir catapultati nel passato quando gli ospiti arrivavano ancora in carrozza.

Franz Kostner (1877-1968) di Corvara credeva già allora al futuro del turismo. Aquistò nel 1908 l'Hotel Post Zirm a Corvara, conduceva un'impresa di trasporti e per tanti anni fu anche il sindaco di Corvara. Come direttore dell'Associazione Turistica favorì la costruzione di un rifugio sul lato est del Sella che oggi porta il suo nome. Fece costruire il primo impianto di risalita della valle.

Al Lệch dlà Lunch: dalla fermata dell'autobus sulla via principale

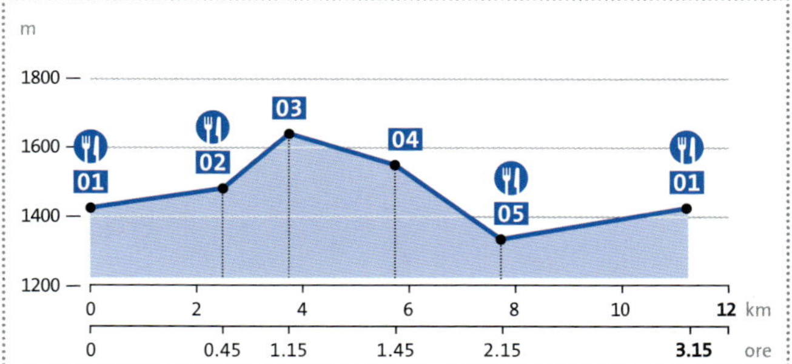

01 La Villa, 1420 m; 02 Lệch da Sompunt, 1477 m; 03 Col de Ciaminades, 1635 m; 04 Lệch dlà Lunch, 1544 m; 05 Pedraces, 1330 m

di **La Villa** (1420 m) **01** si sale verso il vecchio centro del paese con la sua chiesa e la dimora Rubatsch, chiamata "Gran Ciasa" dalla gente del posto. Si prosegue verso nord con bella vista sul massiccio del Sasso di Santa Croce fino all'abitato di Sotsas (1491 m), poi fino al **Lệch da Sompunt** (1477 m) **02** con aggancio alla strada e un Hotel/Ristorante.

Qui si giunge al "Tru di Lêc". Si sale per il bosco verso il **Col de Ciaminades** (1635 m) **03**, senza vista ma ombroso, molto apprezzato in estate. Un'altra discesa conduce al Ciadin, il sentiero attraversa il Somamunt (2366 m) fino al **Lệch dlà Lunch** (1544 m) **04** – un idillio quasi intatto, a solo un chilometro e mezzo dalla strada principale della valle.

Discesa: si scende passando dal ristorante Runchhof, conosciuto per la sua cucina ladina, fino a **Pedraces** (1330 m) **05**. Si segue il torrente fino a "Tru do l'Ega" e si ritorna a **La Villa** **01**.

Meta in Alta Badia: il lago Sompunt.

244
Ranch de Andre
Pradat
Col Arcogn
1878
1901
Pre Comu
schengles
Cëndles
1953
Col Côce
1668
Corcela
Crafonara
1533
Val
1618
Pescol
1449
Costa
1334
Ciastel
1524
Sotvalgiarëi
1519
Valgiarëi
1593
Jüvel
1725
Josciara
Sotciastel
Col d'Anvi
1659
Cialaruns
1737
Sotgherdëna
Lëch dla Lunch
Rü de Pic
Ruac
Alfarëi
Andrac
Rü de Cedinat
1820
Ütia Nagler
Ütia Lèe
l da Oi
1860
04
21
Runch
1421
Cöz
1380
St. Leonhard
S. Leonardo
San Linert
amunt
Abtei
Badia
Pedraces
1324
1515
Ciañacëi
Rü Ciajo
Frëinademez
2314
Plö Alt
05
La Müda
Oies
1487
Geburtshaus des Heiligen Josef Freinademetz
Pascianta dú
Anvi
Ciaminades
21
03
Teresa
Sotrü
1468
Castal
1705
Paracia
1420
21
Paraciora
Ütia
Reslada
1619
Hotel Sompunt
Sompunt
Lech de Sompunt
Pre Janin
2180
02
Peslalz
Pescolderunch
1533
2101
2227
21
Sotsas
Stern
La Villa
La Ila
Ütia Sponata
1703
Suracianins
1568
Ütia Gherdenacia
2050
21
01
Clanins dessot
Rüdefen
21
Ciampidel
Ciasa Soleil
Schloss Colz
2257
2428
497
Ruac
1438
R. Cadera
Rü Gran
Costadedoi
150
Col Pici Runc
1715
Fontanacia
Hotel Dolomiti
1675
ongher
244
Bubjadac
Verda
1438
65
gher
1922
Ütia Piz la Ila
2077
Piz la Ila
2078
dat
0
500 m

RIFUGIO GARDENACIA

Posto stupendo sopra di La Villa

7 km | 3.15 ore | 630 m | 630 m | 624

PARTENZA | Fermata autobus/parcheggio a La Villa (1420 m) [GPS: UTM Zona 32 x: 722.462 m y: 5.162.934 m]
CARATTERISTICHE | Itinerario ad anello molto emozionante che richiede passo sicuro ed esperienza di montagna. Si può accorciare prendendo la seggiovia a La Villa.

Il rifugio è rimasto fino ad oggi quasi un segreto per via della salita ripida, rocciosa e faticosa. Inoltre, non ci sono particolari vette in vicinanza oltre al Sassongher. Il simbolo alpino di Corvara è generalmente scalato arrivando da sud, accorciando il percorso per quasi la metà grazie ad un impianto (v. gita 37).
Chi però sale partendo da La Villa, non rimarrà deluso. La vista dal terrazzo, fiancheggiato da larici, sul Sasso di Santa Croce, la Lavarella e Conturines è veramente stupenda e al rifugio si può gustare una bella merenda.

Dal parcheggio della via principale di **La Villa** (1420 m) 01 con segnavia 11 si sale prima al vecchio centro, poi alle case più in alto e si gira a sinistra verso il bosco. Dopo circa una mezz'oretta si attraversa la strada forestale e si sale per i tornanti fino alle rocce. Da lì si volge a sinistra (fune metallica), attraversando il pittoresco e roccioso canalone. Proseguendo su questo si sale ripidamente lungo un nuovo sentiero. In fine a destra, uscendo dalla gola e passando per i prati fino al **Rifugio Gardenacia / Ütia Gherdenacia** 02.

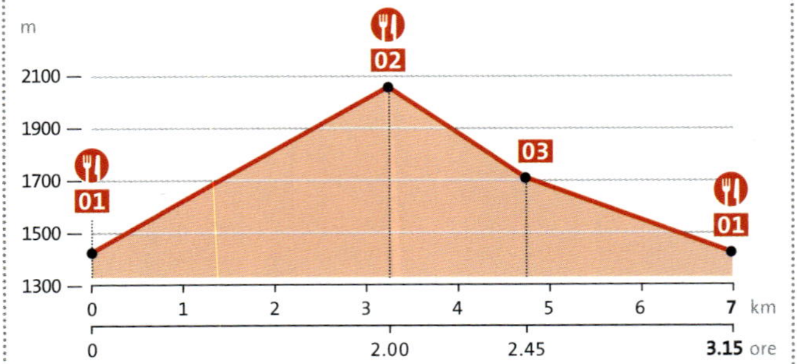

01 La Villa, 1420 m; 02 Rifugio Gardenacia/Ütia Gherdenacia, 2050 m; 03 Ütia Sponata, 1703 m

Discesa: Dal rifugio in direzione nord-ovest fino al bordo della Gherdenacia, poi tra le rocce in basso fino ai piedi della parete. Si prosegue lungo il sentiero sopra il Plan de Sponata. La discesa è ripida e a tornanti fino all'**Ütia Sponata** (1703 m) **03**. Il resto della discesa prosegue per piste da sci, sentieri e strade fino a giungere a **La Villa** **01**.

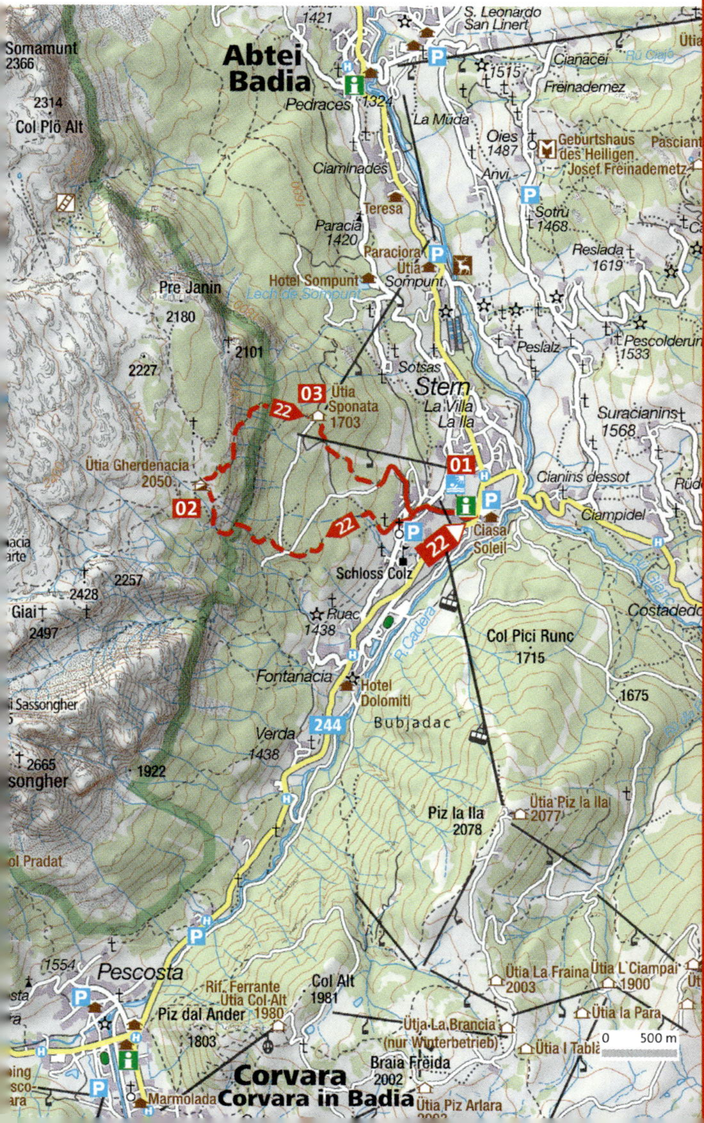

Sassongher

In circa due ore si giunge dal Rifugio Gardenacia al Sassongher (2665 m). La salita è segnata e in parte ripida e conduce attraverso la Val de Juèl e la forcella del Sassongher (2435 m).

Un bel posto per fare una sosta e per ammirare il panorama: il Rifugio Gardenacia, all'orizzonte il Sasso di Santa Croce.

GHERDENACIA E RIFUGIO PUEZ

Paesaggio lunare

14.75 km | 5.45 ore | 1060 m | 1060 m | 624

PARTENZA | Stazione a monte dell'impianto Gherdenacia (1750 m); stazione a valle di La Valle
[GPS: UTM Zona 32 x: 721.166 m y: 5.163.357 m]
CARATTERISTICHE | Lungo itinerario nell'area dell'altopiano della Gherdenacia con ameni paesaggi. Sentieri in parte pietrosi, flora interessante.

Le Dolomiti hanno anche un lato diverso, meno spettacolare: un enorme altopiano, solcato dall'erosione, con sottili denti rocciosi, doline e crepacci abissali. Solo il panorama è bello. Vento, ghiaccio e neve hanno fatto un bel lavoro, portato via interi strati rocciosi, lasciando strani "cumuli di rifiuti" tipo il Col dala Sonè: paesaggi lunari, alpini.

▶ Dalla **stazione** 01 si segue per qualche minuto una pista sabbiosa, poi a sinistra (segnavie 5) verso il bosco. Si sale ripidamente a zig zag verso una vera e propria barriera rocciosa ma facile da oltrepassare, in fine ci si trova al bordo più in alto della roccia e qualche minuto dopo davanti al **Rifugio Gardenacia** (2050 m) 02. Posto perfetto per una seconda colazione con vista sul massiccio del Sasso di Santa Croce. Si continua tranquillamente, il sentierino conduce tra boschetti, pini nani e malghe verso l'alto, al bordo del Gherdenacia poi verso nord in una grande conca. Qui si giun-

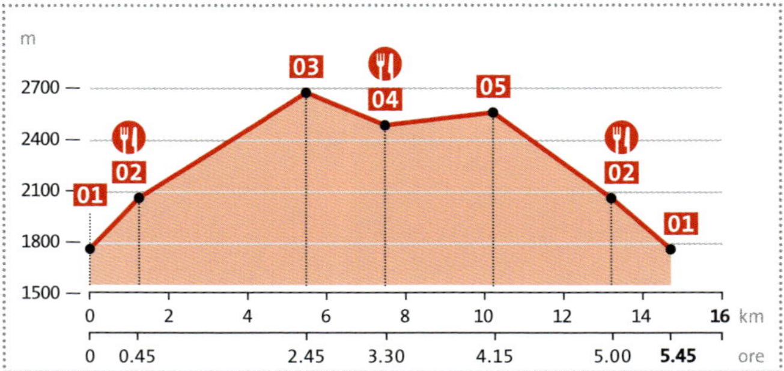

01 Stazione impianto, 1750 m; 02 Rifugio Gardenacia, 2050 m; 03 Gherdenacia, 2663 m; 04 Rifugio Puez, 2475 m; 05 Forcella de Gherdenacia, 2548 m

ge al sentiero che parte da Badia (2239 m). Si prosegue ripidamente per prati pietrosi, passando dal retro del Col Toronn.

Ci si trova in mezzo a un prato di stelle alpine, la vista in basso su un dente roccioso è magnifica. La vista in alto invece svela che ci saranno ancora parecchi metri di dislivello da superare. Ancora una mezz'oretta e si arriva alla **Gherdenacia** 03 da dove si apre una vista grandiosa all'orizzonte: ad ovest lo Sciliar come punto di riferimento. Il Sassolungo colpisce ancora di più, e svetta nel cielo nel cuore della Val Gardena, il Sella spicca a sud. I segnavie conducono per terreni aridi – dove ogni tanto si vede una macchia di verde – verso l'alto fino al **Rifugio Puez** (2475 m) 04, il punto d'appoggio più centrale tra il Sassongher e le Pizes de Puez.

Ritorno per la Gherdenacia: Dal rifugio si segue per circa 15 minuti il sentiero verso il Passo Gardena, poi si gira a sinistra sul sentiero numero 15. Si prosegue salendo sempre più in alto, passando per altopiani grigio verdi. Il Col dala Sonè (2633 m) è caratteristico per le sue strane forme. Salendo dolcemente si giunge quindi alla **Forcella de Gherdenacia** (2548 m) 05. Al di là della forcella, tra rocce e pezzi di prato, si continua verso est, camminando abbastanza in piano. Chi ha voglia di fare un giretto ulteriore, una volta raggiun-

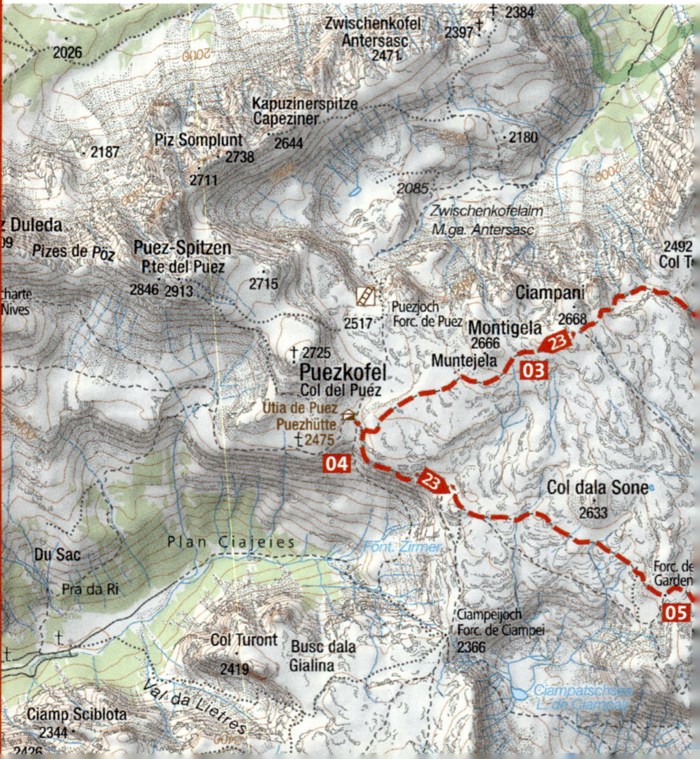

to il bivio, segue il sentiero a destra verso le rocce. Assicurati con funi metalliche, si arriva alla grande croce del **Para dai Giai** (2497 m) che si vede anche dalla valle. La vista è veramente bella, dietro di voi il Sassongher (15 minuti, solo per esperti!).

Il resto della discesa conduce a sinistra in un vallone, dove s'immette il sentiero nord della Gherdenacia (segnavia 11), in seguito si scende al **Rifugio Gardenacia** (2050 m) **02**. Sotto il rifugio a destra si giunge ad un valloncello selvaggio. Si scende ripidamente per un bel sentiero, poi si esce a sinistra dal valloncello (funi metalliche) tornando alla **stazione degli impianti** **01**, ai piedi delle rocce.

Mondo roccioso: il Gherdenacia.

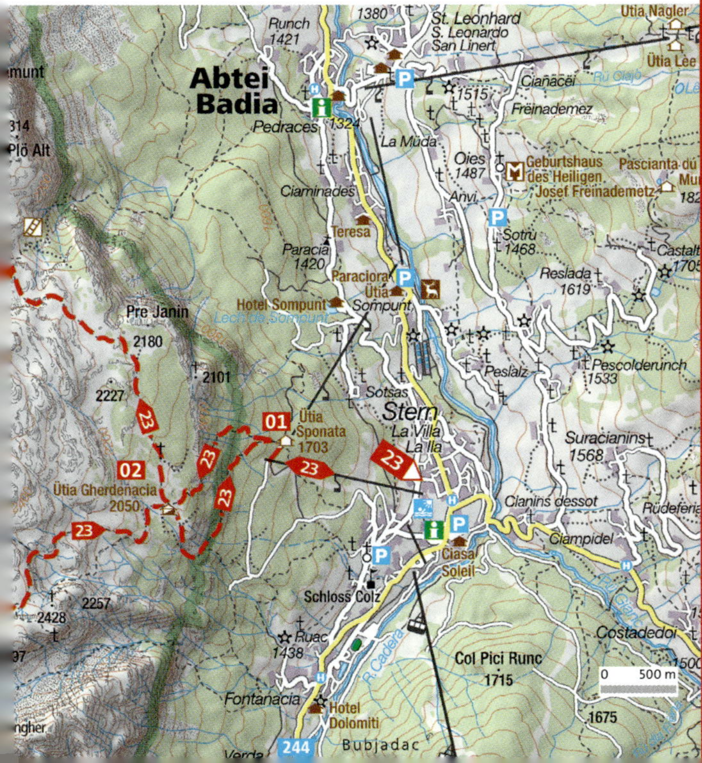

ALTA VIA DELL'ALTA BADIA

Da rifugio a rifugio su sentieri di alta montagna in Alta Badia

68.75 km | 28.15 ore | 4048 m | 3783 m | 624

PARTENZA | Stazione a monte dell'impianto Gherdenacia (1750 m); stazione a valle a La Villa
[GPS: UTM Zona 32 x: 721.166 m y: 5.163.357 m]
CARATTERISTICHE | Itinerario di sei giorni da rifugio a rifugio, stupendo scenario sulle Dolomiti. I sentieri sono tutti ben segnati e assicurati. Necessaria buona resistenza, diverse le possibilità di discesa, kit da arrampicata e elmetto necessari nell'ultimo tratto verso la vetta. Prenotare i posti letto il giorno prima!

"L'Alta via dell'Alta Badia". Assaporatelo pronunciandolo – anzi: ascoltando questa serie di vocali mediterranee. Non suona soltanto bene, promette anche bene. Questa "alta via" si trova in mez-

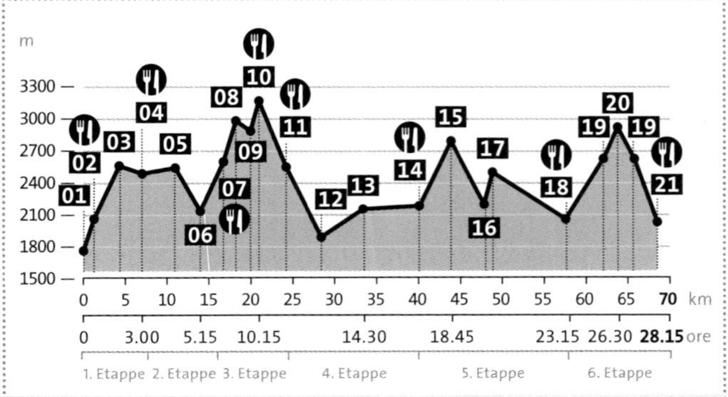

01 Stazione impianto, 1750 m; **02** Rifugio Gardenacia, 2050 m; **03** Forcella de Gherdenacia, 2548 m; **04** Rifugio Puez, 2475 m; **05** Forcella de Crespeina, 2528 m; **06** Passo Gardena, 2121 m; **07** Rifugio Franco Cavazza al Pisciadù, 2585 m; **08** Altopiano delle Mesules, 2965 m; **09** Rifugio Boè, 2871 m; **10** Piz Boè, 3152 m; **11** Rifugio Franz-Kostner, 2536 m; **12** Passo di Campolongo, 1875 m; **13** Pralongià, 2139 m; **14** Rifugio Valparola, 2168 m; **15** Piccolo Lagazuoi, 2778 m; **16** Lẹch de Lagació, 2182 m; **17** Forcella del Lago, 2486 m; **18** Rifugio Lavarella, 2042 m; **19** Ju dla Crusc, 2612 m; **20** Sasso di Santa Croce, 2907 m; **21** Stazione impianto Santa Croce, 2015 m

zo alle Dolomiti e la felicità per quest'idea e le aspettative salgono fino all'inverosimile. Alcuni tratti provocano le vertigini, soprattutto le vie ferrate! Il sentiero conduce più di una volta a punti stupendi: le vette. La cima più alta corrisponde al "tetto" dell'intera regione, l'altitudine inizia con il numero tre e il nome è formato da solo tre lettere: Boè (3152 m).

"L'Alta via dell'Alta Badia" è divisa in sei tappe, la mole di cammino giornaliera è di cinque-sei ore, in modo che ci sia anche tempo per una vetta di tanto in tanto. Tre sono i passi che si possono attraversare durante il tragitto – il Passo Gardena, il Passo di Campolongo e il Passo di Valparola, – in modo da poter interrompere la gita in caso di maltempo.

"L'Alta via dell'Alta Badia" – un itinerario d'alta montagna d'eccellenza:

▶ **I tappa** : dalla **stazione a monte dell'impianto Gherdanacia** (1750 m) **01** si segue il sentiero numero 5 verso il bosco, poi si sale fino al **Rifugio Gardenacia** (2050 m) **02** sul bordo est dell'altopiano. Dietro alla casa si sale per il bosco rado, attraversando un primo valloncello, al bivio a sinistra fino a una conca pietrosa. In alto verso la **Forcella de Gherdenacia** (2548 m) **03**, poi si scende dolcemente per l'enorme altopiano fino al **Rifugio Puez** (2475 m) **04** che si trova sul margine occidentale della Gherdenacia.

Variante: Dal Rifugio Gardenacia si passa per la Val Juel fino ad arrivare alla Forcella di Sassongher (2435 m), qui a sinistra verso la cima del Sassongher (gita 37). Si torna verso la forcella e si prosegue verso la Val Stella Alpina perdendo quota. In salita verso la Forcella de Ciampëi (2366 m) e poi al Rifugio Puez, circa cinque ore.

Vetta: Cima Puez orientale (2913 m), 1.30 ore dal Rifugio Puez seguendo la via segnata, il tratto verso la cima è ripido.

Fantastico: il massiccio di Santa Croce avvolto dalla luce serale.

Nives-Scharte
Furcela Nives
2740
Puezkofel
Col del P
04
Ütia de Puez
Puezhütte
2475
Puezjoch
Forc. de Puez
Montigela
Muntejela
Ciampani
Forc. Forces de Sieles
2505
Col dala Pieres
Col dala Sone
2633
Col de Dusac
2333
Mëscula
Du Sac
Pra da Ri
Plan Ciajeies
Font. Zimer
Ciampeijoch
Forc. de Ciampei
Col Turont
2419
Busc dala Gialina
2366
Val da Lietres
Ciampatschsee
Ciamp Sciblota
2344
2426
Ciastel de Chedul
Mont de Sëura
2548
Crespeinasee
Lech de Crespeina
05
Sas Ciampëi
2554
2528
Crespeina-Joch
Forc. de Crespeina
Coltoronn
2672
Ciampatsch
Sass da Ciampac
Sas Ciampac
Danter les Pizes
Cirjoch
2462
2515
2655
Gran Cir
2592
Cir V
2520
Sas dal Fuech
2023
Pizes Cuecenes
2224
2368
2351
Jimmys Hütte
2436
Ütia Forceles
(nur Winter) 2101
Kolfuschg
Colfosco
Calfosch
La Poza 1640
Dantercepies
2298
Panorama
2130
2110
2121
Grödner Joch
06
P.so Gardena
Jeuf de Frea
Frara
1956
1794
243
Kolfuschger
1737
Mesules
2252
Bustac
Col de Frea
Col de Mesores
2603
2615
Camp. Campidel
2495
Torre Brunico
2494
Plans de Frea
Sa Martin
Funt. Furcela
2086
Culac
Sela de Culac
2018
243
2009
2634
So Murfreit
Bindelturm
T. de Murfreit
2586
2626
2587
Rif. Pisciadu
F. Cavazza
2395
T. Colfosco
2482
1963
2371
2272
Le Piz
2410
07
Lech de Pisciadu
2677
2667
Sas da Lech
2936
Lech di Dragon
2624
2613
Grant
Pitl
1982
2526
2985
C. Pisciadu
Campanili de Murfreit
Sas dai Ciamorces
2999
Piz Rotic
2973
1902
Piz do Bugons
Dent de Mezdi
2881
Tor di Ciamurc
2829
Boeseekofel
Piz da Lêch
2916
2411
2673
2691
2974
Piz Beguz
Bech de Mezdi
2967
2980
Sas de Mezdi
2888
08
Val Lëria
Piz Miara
2964
2912
2908
Zehner
Sas dles Diesc
2904
Neuner
Sas dles Nu
2828
Zwischenkofel
L'Antersas
2907
Piz Gralba
2972
2684
Piz de Roces
Pizes dl Valun
2905
Ütia Franz
2536
2504
Piz Selva
2941
2831
T. di Siela
2593
T. di Roces
2614
2873
Bamberger Hütte
Rif. Boè
Piz Lech Dlace
3009
2791
11
Col Toron
2927
2748
2882
2833
Le Ponte
2831
Piz Ciavazes
Sas de Salei
2592
09
Piz Boè
3152
Las Fontanes
2025
2568
Pela de Micel
2053
242
3152
Fassahütte
Rif. Cap. na Fassa
2888
2859
2809
2555
La Colona
2610
10
P.ta de Joel
2945
Sas de Pordoi
2952
2848
Alb. Schiavaneis
Rif. Maria
Forcele

Pre Janin
2180
Hotel Sompunt
Sompunt
Pescolderunch
1533
Peslaz
Sotsas
Stern
La Villa
La Ila
Suracianins
1568
Ütia Sponata
1703
01
24
02
Ütia Gherdenacia
2050
Cianins dessot
Rudeferia
Ciampidel
Ciasa Soleil
Schloss Colz
Ruac
1438
Col Pici Runc
1715
Costadedoi
Sopla
1524
Tamors
1678
St.Ka
Fontanacia
Hotel Dolomiti
Bubjadac
244
Verda
1438
1675
Piz la Ila
2078
Ütia Piz la Ila
2077
Pescosta
Rif. Col Alt
Ütia Col-Alt
1980
Col Alt
1981
Piz dal Ander
1803
Ütia La Fraina
2003
Ütia L'Ciampai
1900
2002
Ütia Piz Sorega
Ütia Las Vegas
2011
Ütia la Para
Ütia La Brancla
(nur Winterbetrieb)
Üti I Tablà
Streichelzoo
Ütia Saraghe
1837
Corvara
Corvara in Badia
Marmolada
Braia Fréida
2002
Ütia Piz Arlara
2003
Ütia Bioch
2079
Col
Plan
Cinacei
Arlara
Freines
Negerhütte
(nur Winterbetrieb)
1750
1922
Ütia La Baita
Pre da Raus
Trognes
1692
M.ga Tranrus
Planac
Pralongia
2139
Ütia Pralongia
2109
2028
Ütia Punta Trieste
Burja
Val Buna
Ütia Crëp de Munt
1959
Bosch d' Inzija
Ütia La Marmotta
1920
Ütia Inzija
1925
13
Stores
2181
244
Crëp de Munt
2152
2025
Plan Fisti
Alb. Boè
1860
Rif. Cherz
2080
2171
Ütia la Vizza
Ütia la Gjasota
1760
1839
Campolongopass
12
Campolongo
Alb. Cherz
1875
C.ra Crepaz
1740
La Siea
L Col
1865
Fontanele
2097
Souracengle
Cadinel
Contrin
1667
Cason
0 625 m
1901
Col de la Roda
Meriac
Rudemont
C.Beché
Arabba
Rëba
Varda
Masarei
Cherz
1651

Heiligkreuzkofel
Sasso Santa Croce
Sas dla Crusc, L'Ciaval
2907
Schutzhaus Heiligkreuz
Rif. S. Croce in Badia
2045 La Crusc
20
21
19
24
Piz Züber
2718
SASSO S
SAS DLA
Ju dla Crusc 2612
Kreuzkofelscharte
Piz de Medesc
2713
Alfarëi
Andrac
Cöz
1380
St. Leonhard
S. Leonardo
San Linert
1820
Ütia Nagler
Ütia Lee
Cianacëi
Freinademez
1515
La Müda
Oies
1487
Geburtshaus des Heiligen Josef Freinademetz
Pascianta-du Alm / Malga Munt de Castalta
1828
Anvi
Sotrü
1468
Castalta
1705
Reslada
1619
Teresa
Paraciora
Ütia Sompunt
Peslalz
Pescolderunch
1533
Sotsas
Stern
La Villa
La Ila
Suracianins
1568
Rü da Paräa
Rü de Feraa
Cianins dessot
Rüdeferia
Ciampidel
Ciasa Soleil
Schloss Colz
Font P. da Cer
1516
Costadedoi
Rü
Tamors
1678
Col Pici Runc
1715
1500
Sopla
1524
St.Kassian
San Cassiano
San Ciascian
Col Da Fistis
1928
Museum Ladin
Ursus ladinicus
(Bärenmuseum)
Plan
1560
Corjel
Dlira
1649
1675
Hotel Dolomiti
Bubjadac
Piz la Ila
2078
Ütia Piz la Ila
2077
Alb. Armentarola
Armentarola
Valparol
Ütia La Fraina
2003
Ütia L'Ciampai
1900
2002
Ütia Piz Sorega
Ütia Las Vegas
2011
Ütia La Brancia
(nur Winterbetrieb)
Ütia la Para
Ütia I Tablà
Streichelzoo
Ütia Saraghes
1837
2002
Braia Freida
Badia
Ütia Piz Arlara
2003
Ütia Bioch
2079
Daite
1847
Pre da Raus
Trognes
Negerhütte
(nur Winterbetrieb)
1750
1922
Ütia La Baita
1994
1987
Fontana de Confin
Malga Valparola
1928
2187
2986
2102
Les Pizades
2265
2102
Pralongia
2139
2028
Ütia Punta Trieste
Ütia Pralongia
2109
13
Ütia La Marmotta
1920
Inzija
Stores
2181
2330
Ütia Inzija
1925
2025
Setsas

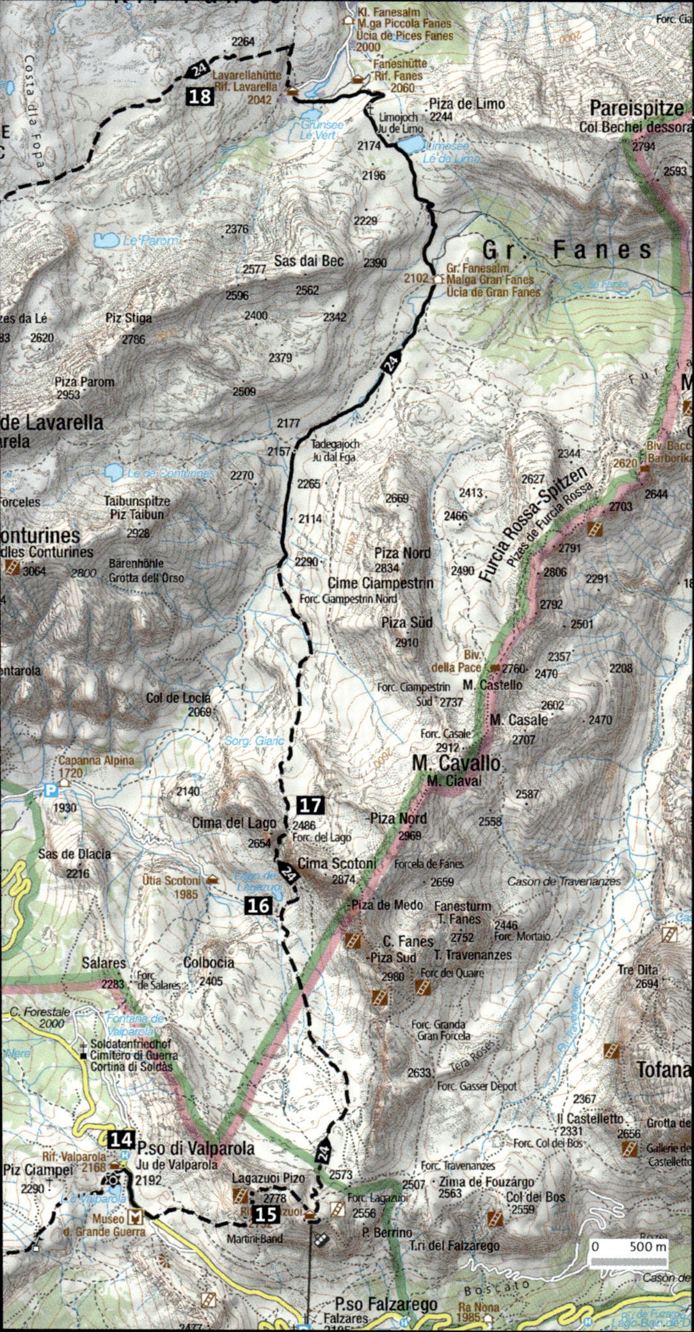
Kl. Fanesalm
M.ga Piccola Fanes
Ücia de Pices Fanes
2000
Faneshütte
Rif. Fanes
2060
Lavarellahütte
Rif. Lavarella
2042
2264
24
18
Costa dla Fopa
Grünsee
Le Vert
Limojoch
Ju de Limo
Piza de Limo
2244
Limosee
Lé de Limo
2174
2196
Pareispitze
Col Bechei dessora
2794
2593
Le Parom
2376
2229
2577
Sas dai Bec
2390
Gr. Fanes
Gr. Fanesalm
Malga Gran Fanes
Ücia de Gran Fanes
2102
2596
2562
Piz Stiga
2786
2400
2342
2620
2379
Piza Parom
2953
2509
de Lavarella
2177
Tadegajoch
Ju dal Ega
2157
Le de Conturines
2270
2265
2344
Biv. Bacci
Barborika
2620
2627
Furcia Rossa-Spitzen
Pizes de Furcia Rossa
2669
2413
2644
2703
Taibunspitze
Piz Taibun
2928
2114
2466
Conturines
dles Conturines
3064
2800
Bärenhöhle
Grotta dell'Orso
2290
Piza Nord
2834
2490
2791
2806
2291
Cime Ciampestrin
Forc. Ciampestrin Nord
2792
Piza Süd
2910
2501
Biv.
della Pace
2760
2357
2470
2208
Forc. Ciampestrin
Süd
2737
M. Castello
Col de Locia
2069
2602
M. Casale
2470
Forc. Casale
2912
2707
Sorg. Giaric
M. Cavallo
M. Ciaval
Capanna Alpina
1720
2140
2587
1930
17
Cima del Lago
2486
Forc. del Lago
Piza Nord
2969
2558
2654
Sas de Dlacia
2216
Cima Scotoni
2874
Forcela de Fanes
2659
Cason de Travenanzes
Ütia Scotoni
1985
Lago de Lagazuoi
16
Piza de Medo
Fanesturm
T. Fanes
2446
Forc. Mortaio
C. Fanes
2752
Piza Süd
2980
T. Travenanzes
Salares
2283
Forc. de Salares
Colbocia
2405
Forc. dei Quaire
Tre Dita
2694
C. Forestale
2000
Fontana de Valparola
Soldatenfriedhof
Cimitero di Guerra
Cortina di Soldàs
Forc. Granda
Gran Forcela
Tera Roses
2633
Forc. Gasser Depot
Tofana
2367
Il Castelletto
2331
2656
Grotta de
Galleria de
Castelletto
Forc. Col dei Bos
14
P.so di Valparola
Ju de Valparola
Rif. Valparola
2168
2192
Piz Ciampei
2290
Lagazuoi Pizo
2778
2573
2507
Forc. Travenanzes
Zima de Fouzárgo
2563
Forc. Lagazuoi
2556
Col dei Bos
2559
15
Museo
d. Grande Guerra
Martini-Band
P. Berrino
T.ri del Falzarego
0
500 m
Boscato
P.so Falzarego
Falzares
Ra Nona
1985

Area selvaggia e rocciosa: lago e Rifugio Pisciadù.

II tappa: Dal **Rifugio Puez 04** senza grande dislivello ai margini della Gherdenacia fino alla Forcella de Ciampëi (2366 m), poi ad ovest per l'altopiano di Crespëina fino alla **Forcella de Crespëina** (2528 m) **05**. Dietro alla forcella si scende un po', poi a sinistra fino alla Forcella Cir (2469 m) e in basso fino al Rifugio Jimmy, passando per un paesaggio detritico molto romantico e infine fino al **Passo Gardena** (2121 m) **06**. Si continua lungo la strada, poi in salita ripida fino al Col de Frea. In seguito, senza grande dislivello, sotto al Sas dla Luesa fino all'inizio della Val Setùs. Si sale per detriti lungo il valloncello ripido e fiancheggiato da pareti verticali. Si continua con l'aiuto di funi metalliche fino al grande terrazzo del Sella, poi a sinistra fino al **Rifugio F. Cavazza al Pisciadù-Hütte** (2585 m) **07**.

Variante: Salita fino al Rifugio Pisciadù per l'omonima via ferrata. Dal Passo Gardena si prosegue, come già descritto, fino alla Val Setùs, poi si scende leggermente aggirando il piede del Mur del Pisciadù Occidentale fino all'inizio della via ferrata. Per proseguire vedi gita 44.

Vetta: Gran Cir (2592 m), dal Rifugio Jimmy (2222 m) si attraversa lungo il sentiero segnato fino alla scalata, poi fino alla vetta (vedi gita 41).

III tappa: Dal **Rifugio Pisciadù 07** si scende appena un po' fino all'omonimo laghetto, poi lungo un sentiero detritico sotto la parete ovest della Cima Pisciadù

fino ad un pendio pietroso e ripido, lo si attraversa e si giunge alla Val de Tita. Ci si addentra nella valle, poi a destra attraversando un vallone detritico si giunge a un pendio roccioso e fino all'**Altopiano delle Mesules** (2965 m) **08**. Si scende ammirando questo particolare paesaggio lunare fino all'Antersas, a destra lungo il sentiero assicurato con funi metalliche, attorno al poggio roccioso e in pianura fino al **Rifugio Boè** (2871 m) **09**. Dietro questo si sale nuovamente per detriti, la salita è facile grazie a funi, si continua sul lato ovest ed infine si giunge al **Piz Boè** (3152 m) **10** con il Rifugio Capanna Fassa.
Si ritorna per un breve tratto lungo il crinale, poi a destra (cartello) fino alla Cresta Strenta e poi fino al Passo del Lago Gelato (3009 m), passando per il crinale più o meno "stretto". Si scende lungo il fianco est fino al terrazzo nel retro del Ponte (2791 m). Si prosegue fino a una conca di detriti sotto alle Pizes de Valun, poi – in parte assicurati – si scende verso la fossa. All'entrata si gira a sinistra, salendo in seguito fino al **Rifugio Franz Kostner** (al Vallon) (2536 m) **11**.
Vetta: Cima Pisciadù (2985 m) salendo verso l'Altopiano delle Mesules. (v. gita 45). Dal Rifugio Franz Kostner fino al Piz da Lech (2911 m), passando per la via normale (gita 48) oppure per la difficile via ferrata della parete sud (2.30 ore); set da scalata e elmetto sono indispensabili!

IV tappa: Dal **Rifugio Franz Kostner** **11** si scende lungo un sentiero ben segnato e lontano dalla pista da sci, fino ad arrivare al Lago di Boè (2255 m), indi lungo una strada sterrata al **Passo di Campolongo** (1875 m) **12**. Al di là della strada fino allo Ju d'Jnzija (1920 m), passando dal crinale in parte boscoso e – nuovamente su una pista sabbiosa – fino a **Pralongià** (2139 m) **13** con vista spettacolare. Lungo l'erboso crinale est verso il Setsas, in direzione nord attorno a questo monte con più cime e quindi in basso fino al **Rifugio Valparola** (2168 m) **14**.
Vetta: Setsas (2571 m), durata circa un'ora (vedi gita 33).

V tappa: Lungo la strada di Valparola fino alla fortezza Tre Sassi, da qui si sale per la via ferrata "Kaiserjäger" (segnavia) in alto in direzione del Piccolo Lagazuoi. Si passa per un vallone, poi su un ponte sospeso che attraversa un profondo crepaccio. Ci si tiene a sinistra proseguendo per un tratto roccioso che conduce fino alla cresta ovest del **Piccolo Lagazuoi** (2778 m) **15**. Passando dalla cima si arriva alla stazione della funivia, poi si scende in direzione nord fino all'altopiano del Monte de Lagazuoi. Lungo un sentiero segnalato si scende fino al **Lệch de Lagació** (2182 m) **16**, nascosto in una conca. Da qui a destra, salita ripida, fino alla **Forcella del Lago** (2486 m) **17**, da dove si ha un'ottima vista sulla grande Alpe di Fanes e il suo scenario roccioso. Si scende fino al Gran Plan, poi verso la grande Alpe di Fanes, passando lungo la linea di dispulvio del Ju dal'Ega (2157 m). Lungo la vecchia strada militare si giunge al Passo Limo (2174 m). Al di là del passo si trovano il Rifugio Fanes (2060 m) e il **Rifugio Lavarella** (2042 m) **18**.
Vetta: passando dalla via ferrata "Cesco Tomaselli" si arriva alle Cime di Fanes (sud) (2980 m). La via ferrata è fantastica, molto difficile con alcuni tratti molto espo-

sti. Chi ha scelto di farla nell'arco della quinta tappa, fa bene a usare la funivia fino al Piccolo Lagazuoi. Durata complessiva: nove ore. Accesso più corto per la Forcella Travenanzes (2507 m).

VI tappa: Dal **Rifugio Lavarella** **18** si sale un attimo fino ad un bivio, poi seguendo il segnavia 7 per terreno prima verde, ma poi sempre più grigio e solcato dall'acqua. Dietro alla Costa dla Fopa s'immette un sentiero (segnavia 12) che continua subito in direzione sinistra verso la Forcella de Medesc. Si prosegue sempre diritto per roccia nuda e detriti, poi in salita verso lo **Ju dla Crusc** (2612 m) **19**. Arrivati alla depressione, a destra, continuando su traccia ben visibile che conduce molto vicino al bordo roccioso (vista vertiginosa!). Sulla cresta si sale verso il cono della vetta del **Sasso di Santa Croce** (2907 m) **20**. Infine con fatica fino al punto più alto.

Si torna allo Ju dla Crusc, poi si scende abbastanza facilmente per la via in parte assicurata, fino ad arrivare alle malghe di Santa Croce (2045 m) e gli **impianti** vicini (2015 m) **21**. Durante la discesa in funivia si ha un'ottima vista sul fianco est del Gherdenacia, dove è iniziata l'avventura di sei giorni dell'Alta Badia.

Variante: È anche possibile evitare il Sasso di Santa Croce e camminare lungo il sentiero 12 fino alla Forcella de Medesc (2533 m). Sul lato ovest della forcella si scende per una conca di detriti della Val de Medesc. Alla sua entrata, un bivio: a destra un bel sentiero verso il massiccio di Santa Croce, sempre diritto si scende fino a La Villa; durata per entrambi circa 4.30 ore caduno.

Fanes affascinante: camminando verso lo Ju dla Crusc.

GRAN FANES E PASSO LIMO

Mondo magico del Fanes

16 km | 4.45 ore | 660 m | 660 m | 624

PARTENZA | Capanna Alpina (1720 m); accesso per San Cassiano e Armentarola, 8 km da La Villa, grande parcheggio.
[GPS: UTM Zona 32 x: 728.513 m y: 5.160.552 m]
CARATTERISTICHE | Gita lunga ma poco faticosa fino al passo, sentieri comodi – sola tratto ripido al Col de Locia.

Le cime più famose delle Dolomiti si trovano altrove, un fatto che però non disturba affatto la salita al Passo Limo. Anche se le cime e i picchi, i crinali e le pareti non hanno dei nomi comuni, l'area del Fanes è comunque una delle regioni più suggestive dei "monti pallidi", bella e selvaggia allo stesso tempo e soprattutto idilliaca. Il percorso dal Col de Locia fino al Passo Limo non è troppo lungo per nessuno – tante sono le cose da vedere durante il tragitto. Chi ha tempo di sognare per qualche ora tra prati pieni di marmotte, pendii rocciosi e laghetti sperduti, scende dallo Ju dal'Ega avvolto dagli ultimi raggi di sole che tingono la serata di rosso e arancione: ombra profonda nella vallata, Enrosadüra sulle cime dei monti.

Al Passo Limo: L'itinerario conduce dalla **Capanna Alpina** (1720 m) 01 in pianura per il Plan dal'Ega. Si attraversa il Rio Sciarè passando per un ponte ben stabile, proseguendo poi per il sentiero pietroso che sale ripidamente verso il **Col de Locia** (2069 m) 02, infine si passa per un breve tratto roccioso (assicurato). La vista dal poggio erboso e piatto (sosta!) è

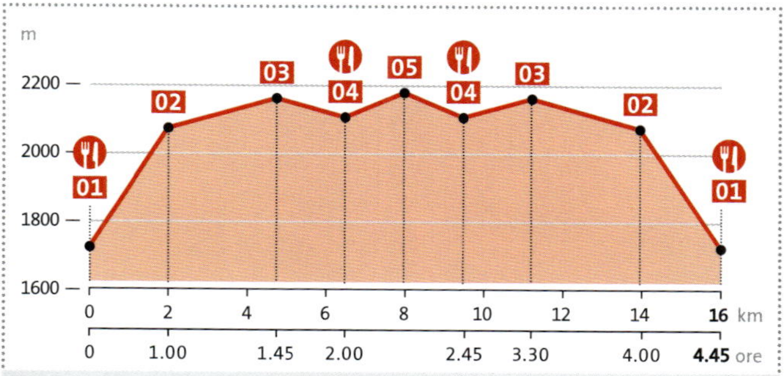

01 Capanna Alpina, 1720 m; 02 Col de Locia, 2069 m; 03 Ju dal'Ega, 2157 m; 04 Malga Gran Fanes, 2102 m; 05 Passo Limo, 2174 m

molto bella e si estende dai prati di Pralongià fino al Gruppo del Sella. In direzione opposta, il sentiero continua in leggero zig zag verso la valle – prima passando in mezzo a pini nani, poi per malghe. Una salita corta conduce dal Gran Plan al **Ju dal'Ega** (2157 m) **03**, dietro al quale si scende lungo alla vecchia strada militare fino all'alpeggio estivo della **Malga Gran Fanes** (2102 m) **04**. A destra si apre la pittoresca Valle di Fanes con il massiccio del Cristallo. Al bivio a sinistra, poi in salita fino al Lé de Limo e il **Passo Limo** (2174 m) **05**. Vista meravigliosa sul tappeto verde grigio della Malga Piccolo Fanes, la Cima Nove (2968 m) si erge imponente dietro la malga, un monte inconfondibile. Dieci minuti più avanti, lungo la strada che conduce al Rifugio Fanes (2060 m), si trova un'amata sosta.
Discesa: Vedi salita. Come alternativa – discesa verso Pederü (vedi gita 8). Buon collegamento autobus per l'Alta Badia.

In cammino verso lo Ju dal'Ega.

Fanes
2459 Plan dles Sarënes
Col Toronn
Le Sech
Kl. Fanes
Kl. Fanesalm
M.ga Piccola Fanes
Ücia de Pices Fanes
2000
Costa dla Fopa
2264
Lavarellahütte
Rif. Lavarella
2042
Faneshütte
Rif. Fanes
2060
Piza de Limo
Grünsee
Lé Vert
05
Limojoch
Ju de Limo
2244
2174
Limosee
Lé de Limo
2196
2229
2376
Le Parom
Gr.
Sas dai Bec
2390
2577
2562
2102
Gr. Fanesalm
Malga Gran Fanes
Ücia de Gran Fanes
2596
2342
04
25
Piz Stiga
2400
2620
2786
2379
Piza Parom
2953
2509
de Lavarella
2177
03
2157
Tadegajoch
Ju dal Ega
Le de Conturines
2270
2265
2627
2669
2413
Taibunspitze
Piz Taibun
2114
2466
2928
Furcia Rossa
Pizes de Fur
Conturines
dles Conturines
2290
Piza Nord
2834
2490
3064
2800
Bärenhöhle
Grotta dell'Orso
Cime Ciampestrin
Forc. Ciampestrin Nord
Piza Süd
2910
25
Biv.
della Pace
2760
M. Castello
Col de Locia
2069
02
Forc. Ciampestrin
Süd 2737
M. Casale
Forc. Casale
2912
2707
Sorg. Gianc
25
Capanna Alpina
1720
M. Cavallo
M. Ciaval
P
01
1930
2140
2587
Cima del Lago
2486
Forc. del Lago
Piza Nord
2969
2558
2654
Sas de Dlacia
2216
Cima Scotoni
Forcela de Fanes
Ütia Scotoni
1985
Lago de Lagazuoi
2874
2659
Cason d
Piza de Medo
Fanesturm
T. Fanes
0
500 m
C. Fanes
Piza Sud
T. Travenanzes
2980
Forc dei Quaire
Salares
2283
Forc. de Salares
Colbocia
2405

PIZ DE LAVARELLA

Un tremila sopra San Cassiano

18.5 km | 7.45 ore | 1360 m | 1360 m | 624

PARTENZA | Capanna Alpina (1720 m); accesso per San Cassiano e Armentarola, 8 km da La Villa; grande parcheggio.
[GPS: UTM Zona 32 x: 728.513 m y: 5.160.552 m]
CARATTERISTICHE | Bel sentiero fino alla forcella della cresta (2885 m) con vista stupenda sulle Dolomiti; la salita verso la vetta (traccia) richiede passo sicuro. Molto gratificante ma faticoso!

I monti Lavarella e Conturines (3064 m) dominano lo scenario alpino di La Villa e San Cassiano con le loro masse rocciose. Soprattutto di sera, quando le rocce si tingono di rosso, offrono un quadro fantastico. Chi vuole scalare una delle due montagne, fa bene ad alzarsi presto la mattina. I monti hanno una via di salita comune e segnata, lunga ma bella (Piz dles dues Forcelas, 2929 m). Il sentiero conduce praticamente intorno all'intero massiccio del Conturines, sfiorando la linea di displuvio della Malga Piccolo Fanes. In cima alla cresta bisogna prendere una decisione: a sinistra o a destra, Conturines o Lavarella.

▶ La gita inizia in pianura e conduce dalla **Capanna Alpina** (1720 m) 01 per il Plan dal'Ega in un bosco rado. Si attraversa il Rio Sciarè, proseguendo lungo il sentiero ghiaioso che sale ripidamente verso il **Col de Locia** (2069 m) 02. Infine si attraversa una corta rampa rocciosa. Il sentiero prosegue dietro il poggio erboso, salendo in dolce zig zag prima attraverso pini nani e poi per

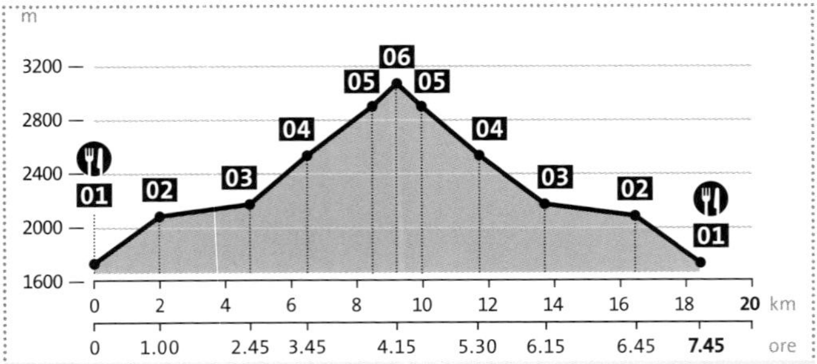

01 Capanna Alpina, 1720 m; 02 Col de Locia, 2069 m; 03 Ju dal'Ega, 2157 m; 04 Lé de Conturines, 2518 m; 05 crinale, 2885 m; 06 Piz de Lavarella, 3055 m

Anfiteatro con il Conturines.

pascoli, indi addentrandosi nella valle. Una breve salita conduce dal Gran Plan allo **Ju dal'Ega** (2157 m) **03**. A sinistra si trova la valle tra la Piza Parom (2953 m) e il Piz Taibun. Si sale lungo un bel sentiero, passando per terreno pietroso e dirupato e attraversando una conca fino a giungere al **Lé de Conturines** (2518 m) **04**, in estate gene-

Piz dles Conturines

Il Piz dles Conturines (3064 m) è leggermente più difficile del Lavarella. Si segue una traccia molto chiara dalla forcella in direzione nord, (2885 m) per il Piz dles dues Forceles fino alla forcella a sud delle "due forcelle" (dues Forceles). Ora si sale per un pendio di detriti fino ad arrivare ai piedi delle rocce. Una solida scala di ferro aiuta a salire, funi metalliche assicurano l'itinerario che prosegue per rocce a forma di scalini fino ad arrivare al crinale di vetta.
Si giunge al punto più alto passando per detriti. Dalla forcella di sud si può direttamente scendere fino al lago Conturines!
Durata totale (senza Lavarella) circa 7.30 ore.

Roccia e detriti: il sentiero che porta al Piz de Lavarella.

ralmente senza acqua. Un altro gradino roccioso conduce al Büsc da Stlü. Tra un gradino e l'altro che danno l'impressione di un gigantesco anfiteatro, si raggiunge il dislivello del **crinale** (2885 m) **05**. La vista in basso sulle case di San Cassiano è stupefacente, il ghiacciaio della Marmolada luccica dietro il verde dei prati di Pralongià.

A zig zag si esce dalla forcella (traccia), passando a destra per un pendio di detriti, poi a destra (!) lungo un passaggio meno difficile, fino a giungere a un omino di pietra. Si prosegue a sinistra, passando su lastre rocciose, sempre verso la vetta. Prima per un canale, faticoso ma senza problemi, fino al crinale lungo e stretto, poi a destra fino al punto più alto del **Piz de Lavarella** (3055 m) **06**. Qui s'immette anche il sentiero che sale dalla Forcella de Medesc (2533 m) – sentiero pericoloso per via dei detriti, delle rocce dirupate e anche per via del manto di neve molto duro che inizia a sciogliersi soltanto in piena estate – gita non consigliabile! La vista è stupenda, si vedono quasi tutte le Dolomiti. Chi vuole godere della grandiosa vista sull'Alta Badia, sale fino alla vetta ovest, cima molto bella con croce (3034 m, molto esposta, corta e facile via ferrata).

Discesa: Vedi via di salita.

Le dla Fopa
ASSO S. CROCE
S DLA CRUSC
Rif. Lavarella
2042
Grünsee
Le Vert
Limojoch
2174
2196
2229
2376
Le Parom
Sas dai Bec
2577
2390
2596
2562
Medesc
Lavarella-Sattel
Forc. de Medesc
2533
Pizes da Lé
2683
2620
Piz Stiga
2786
2400
2342
2379
nur für Geübte
2894
Piza Parom
2953
2509
06
Piz de Lavarella
Lavarela
3055
3034
04
26
2177
03
2157
Tadegajoch
Ju dal Ega
Le de Conturines
2270
2265
2669
Piz dles dües Forceles
05
2929
Taibunspitze
Piz Taibun
2928
2114
Conturines
Piz dles Conturines
3064
2800
Bärenhöhle
Grotta dell'Orso
2290
Piza No
2834
Cime Ciampes
Forc. Ciampestrin Nord
2944
Piza S
2910
Piz. Armentarola
Forc. Cia
Col de Locia
2069
02
Sorg. Gianc
01
Capanna Alpina
1720
2140
Sass Dlacia
1930
Cima del Lago
2486
Forc. del Lago
2654
Piza No
Sas de Dlacia
2216
Cima Scotoni
2874
Ütia Scotoni
1985
Lago de Lagazuoi
Sciare
1663
Piza de Me
C. Fa
Piza Su
2980
Salares
2283
Forc. de Salares
Colbocia
2405
2652
C. Forestale
2000
Fontana de Valparola
Malga Valparola
Fontane Nere
Soldatenfriedhof
Cimitero di Guerra
Cortina di Soldàs
0
500 m

CIME FURCIA ROSSA

Vecchie vie ferrate del periodo di guerra che conducono per l'Alpe di Fanes

21.25 km | 7.45 ore | 1187 m | 1187 m | 624

PARTENZA | Capanna Alpina (1720 m); accesso per San Cassiano e Armentarola, 8 km da La Villa, grande parcheggio.
[GPS: UTM Zona 32 x: 728.513 m y: 5.160.552 m]
CARATTERISTICHE | Via ferrata moderatamente difficile che segue le vecchie vie militari, con alcuni tratti esposti ma ben assicurati. Escursionisti meno esperti – solo con set da scalata, elmetto! Tutto sommato, una gita per escursionisti esperti!

Alcune gite nelle Dolomiti non offrono soltanto paesaggi stupendi ma ricordano anche i tempi passati che erano tutt'altro che belli: gli anni di guerra dal 1915-17. Il fronte passava attraverso i "monti pallidi". Toccava il Lagazuoi, il Fanes e anche l'Alta Badia. Oltrepassando le Cime Furcia Rossa ci si muove fra l'altro lungo sentieri di guerra, ricostruiti negli anni 70 – una gita con bel panorama che però invita a riflettere.

Alla Malga Gran Fanes: La gita conduce dalla **Capanna Alpina** (1720 m) **01** prima in piano per il Plan dal'Ega. Si attraversa il Rio Sciarè seguendo il sentiero pietroso che poi sale in direzione del **Col de Locia** (2069 m) **02**, indi per un piccolo tratto roccioso (assicurato).
Dal poggio erboso (sosta!) si gode una bella vista circolare dai prati di Pralongià fino al Gruppo del Sella. Il sentiero prosegue in dire-

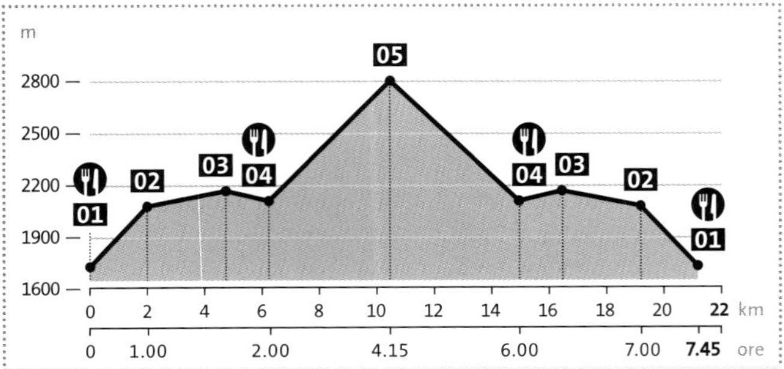

01 Capanna Alpina, 1720 m; **02** Col de Locia, 2069 m; **03** Ju dal'Ega, 2157 m; **04** bivio Malga Gran Fanes, 2099 m; **05** Piz de Furcia Rossa III, 2791 m

Nel frattempo rimodernata: la vecchia via ferrata.

zione opposta – prima attraverso pini nani, poi per malghe – a zig zag verso la vallata. Una breve salita conduce dal Gran Plan allo **Ju dal'Ega** (2157 m) **03**. Lì dietro si scende leggermente lungo la vecchia strada di guerra fino a giungere al **bivio** (2099 m) **04** della **Malga Gran Fanes**, a soli pochi passi dall'omonima malga e estiva. Quindi a destra, oltrepassando il torrente e lungo una vecchia strada militare con salita moderata, fino a un bivio e quindi al Vallun del Fosse. Si segue il segnavia FR a destra fino alla forcella sul crinale prima della terza Cima Furcia Rossa. Funi metalliche, scale e ganci di ferro assicurano questo tratto; infine si arriva al **Piz de Furcia Rossa III** (2791 m) **05**, passando per pendii detritici.

Si ritorna per qualche metro lungo la via di andata, poi per scalini rocciosi e ripidi (assicurati) e per detriti fino alla forcella tra la terza e la quarta cima. Quindi, per terreno poco bello (funi metalliche) fino al fianco ovest della “quarta”, poi si scende a destra una parete di 50 metri (scale, ecc). Per detriti, lungo un sentiero ben chiaro, circa 100 metri a sinistra, poi giù verso la Val Blanch per un pendio pietroso (le indicazioni conducono in alto verso il Bivacco della Pace, 2760 m). In

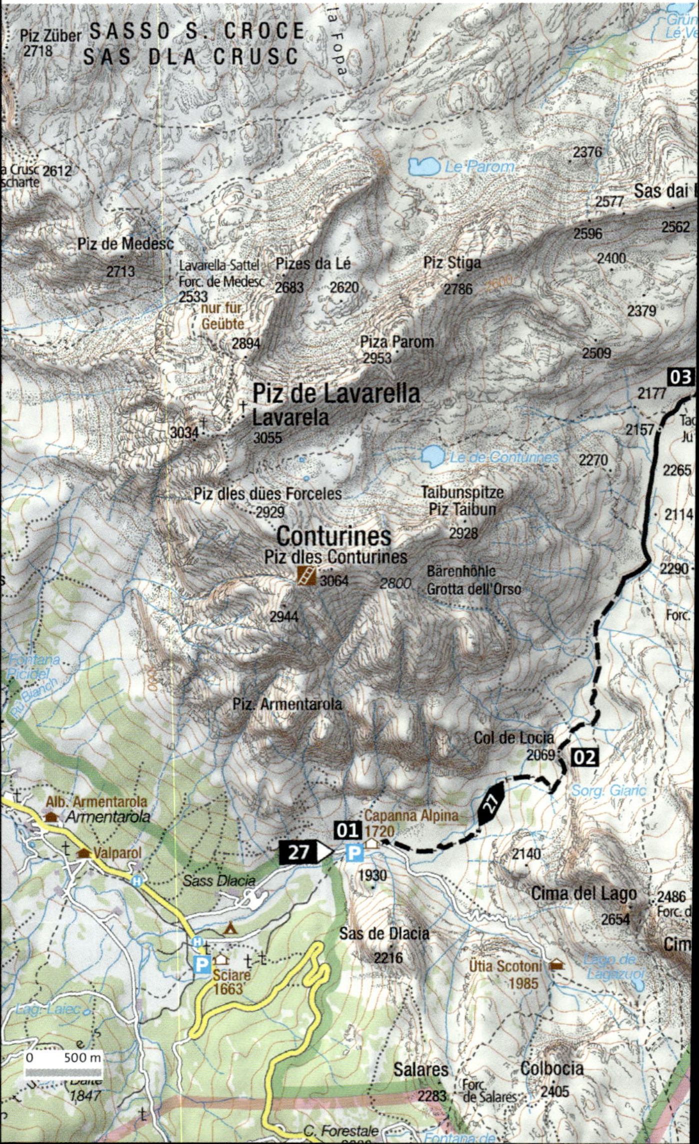

piano fino al sentiero della vallata, poi in discesa fino all'inizio della “Valle Bianca”, dove si sbocca nel sentiero di salita. Al **bivio** 04 menzionato prima a sinistra e rientro alla **Capanna Alpina** (1720 m) 01, passando per la linea di dispulvio dello **Ju dal'Ega** 03.

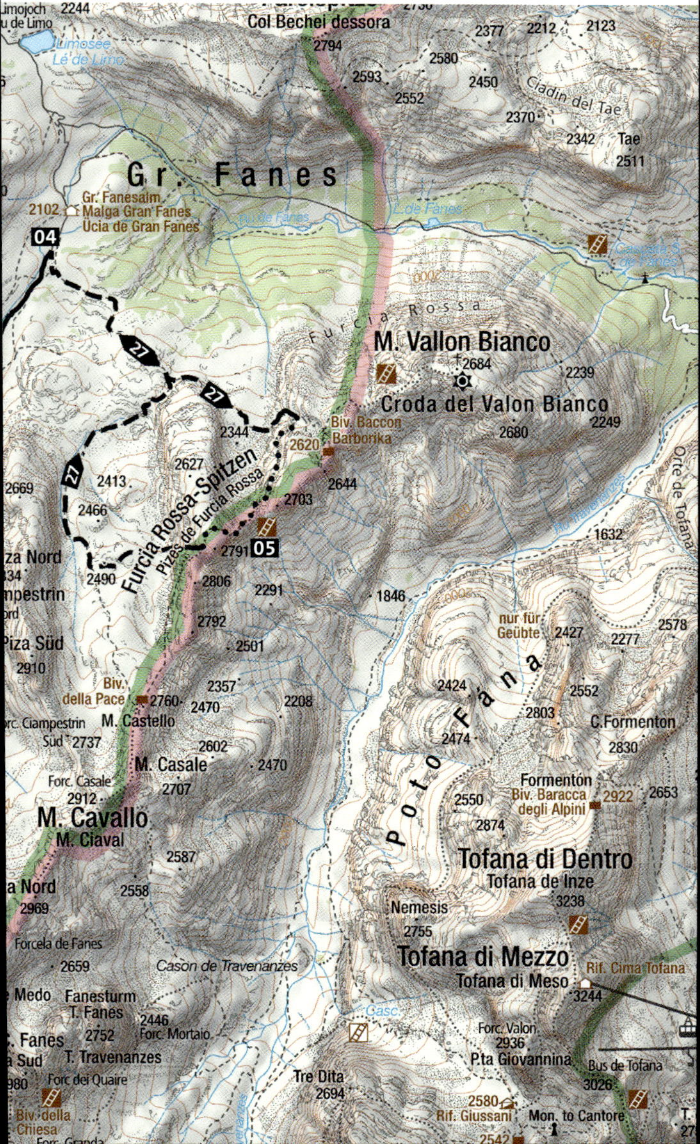

FORCELLA DEL LAGO

Giro sotto il Monte Piana

10.25 km | 4.15 ore | 766 m | 766 m | 624

PARTENZA | Capanna Alpina (1720 m); accesso per San Cassiano e Armentarola, 8 km da La Villa, grande parcheggio. [GPS: UTM Zona 32 x: 728.513 m y: 5.160.552 m]
CARATTERISTICHE | Itinerario vario, in parte abbastanza pietroso, con squarci affascinanti nel selvaggio mondo roccioso delle Cime di Fanes e del massiccio del Conturines.

Questo itinerario conduce molto vicino ad alcuni denti rocciosi del Monte Piana: Pizes de Campestrin (2918 m), Piza dl Lêch (2654 m) e Cima Scotoni (2874 m) che s'innalza 700 metri sopra l'idilliaco laghetto di Lagazuoi, svettando nel cielo azzurro. Il lato sud offre diverse vie ferrate estreme. Invece la gita alla Forcella dl Lêch (2486 m) non è molto esigente. Al massimo il ripido canalone sotto la forcella, da attraversare scendendo, potrebbe nascondere qualche difficoltà per escursionisti meno esperti, ma comunque anche per gli altri, visto il pericolo di scivolare giù per le masse di detriti.

Al Lago di Lagazuoi/Lệch de Lagació: Il giro conduce dalla **Capanna Alpina** (1720 m) 01 prima al Plan dal'Ega con bosco rado. Si attraversa il Rio Sciarè, seguendo il sentiero ghiaioso che sale ripidamente verso il **Col de Locia** (2069 m) 02, infine per un breve tratto roccioso ma assicurato. Dal poggio erboso (sosta!) si gode una bella vista circolare dai prati di Pralongià fino al Gruppo del Sella. Si continua senza grandi

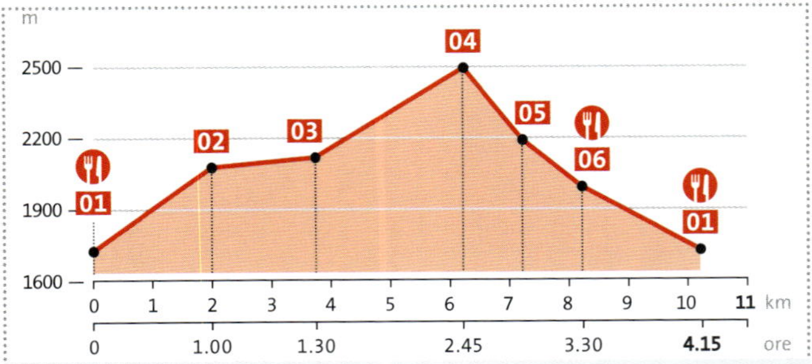

01 Capanna Alpina, 1720 m; 02 Col de Locia, 2069 m; 03 Gran Plan, 2110 m; 04 Forcella del Lago, 2486 m; 05 Lêch de Lagació, 2182 m; 06 Ütia Scotoni, 1985 m

dislivelli – prima attraverso pini nani, poi per delle malghe – addentrandosi nella valle. A sinistra s'innalza il Piz Taibun (2928 m) con la sua forma strana. Al **Gran Plan** (2110 m) **03** si continua verso destra (bivio), verso la Forcella del Lago. Si passa per pendii pietrosi all'inizio del Valun de Campestrin fino ad arrivare a un poggio verde (2278 m). Qui vale la pena di ammirare bene il fianco orientale dei Conturines.

Per l'orientamento: a sinistra del (presunto) punto più alto del massiccio, s'innalza un macigno sopra

Sosta, all'orizzonte la Marmolada.

una conca del crinale. Direttamente sotto si trova l'ingresso di una caverna molto particolare. Si tratta della famosa caverna degli orsi che nel 1987 rivelò il suo segreto. 40.000 anni fa qui viveva l'Ursus ladinicus, grande quanto un orso Grizzly ma erbivoro (vedi Museo Ursus ladinicus, gita 19).

Il cammino prosegue leggermente in salita verso la **Forcella del Lago** **04** tra la Cima Scotoni (2874 m) e la Piza dl Lech, che offre una vista meravigliosa sui ghiacciai della Marmolada. La discesa è ripida e scivolosa, il sentiero a zig zag appena ristrutturato è ben percorribile. Il **Lệch de Lagació** (2182 m) **05** luccica quasi 300 metri più sotto ed è alimentato da fonti sotteranee.

Discesa: Dal lago si seguono i tornanti di un bel sentiero che conduce dalla **Ütia Scotoni** (1985 m) **06** al Plan de Lagació. Vista magnifica verso il Piz dles Conturines.

Abbastanza pietrosa è anche l'altra discesa lungo la strada del rifugio che scende fino alla **Capanna Alpina** **01**.

FORCELLA DE SALARES

Al confine con il Bellunese

10.5 km | 3.45 ore | 591 m | 591 m | 624

PARTENZA | Punt de Sciarè (1661 m) sulla strada da San Cassiano al Passo di Valparola, grande parcheggio.
[GPS: UTM Zona 32 x: 727.529 m y: 5.159.826 m]
CARATTERISTICHE | Itinerario poco faticoso ma interessante al confine tra l'Alto-Adige e il Bellunese. Necessario un passo sicuro.

I Conturines visti dal sentiero verso la Forcella de Salares.

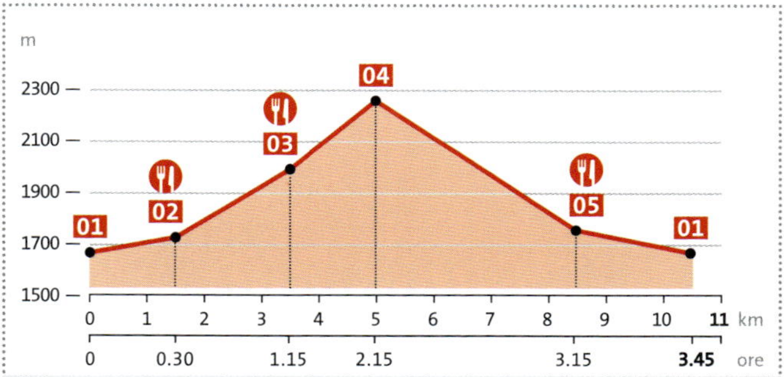

01 Punt de Sciarè, 1661 m; 02 Capanna Alpina, 1720 m; 03 Ütia Scotoni, 1985 m; 04 Forcella de Salares, 2252 m; 05 Munt de Valparola, 1749 m

▶ Dal parcheggio al **Punt de Sciarè** (1661 m) **01** si cammina lungo una strada sabbiosa, passando a sinistra del grande campeggio. All'altezza della grande fabbrica di ghiaia al Rio Sciarè, si può vedere a destra la cappella Sass Dlacia, un piccolo edificio moderno. Si prosegue in piano fino al grande parcheggio della **Capanna Alpina** (1720 m) **02**.
Pochi passi dietro la sosta si trova un bivio, a destra verso l'Ütia Scotoni. La pista ghiaiosa sale in serpentine fino al Plan de Lagació, un posticino idilliaco ai piedi della ripida parete della Cima Scotoni (2874 m). L'enorme massiccio del Piz dles Conturines (3064 m) dà l'impressione di essere ancora più impressionante al di sopra dell'entrata del piccolo Valun de Lagació.
Alla **Ütia Scotoni** (1985 m) **03** parte a destra il sentiero verso la Forcella de Salares. Il sentiero è abbastanza ripido, poi diventa sempre

più piano e dopo aver tagliato un pendio scosceso (sempre in piano), si giunge alla **Forcella de Salares** (2252 m) **04**. Subito dietro si trova uno stretto e ripido valloncello fiancheggiato da rocce dirupate.

La vecchia strada di guerra sale in serpentine fino ai piedi delle rocce. Qui si continua a destra verso il bosco, poi in basso fino a una fonte e infine alla strada di Valparola che s'immette nello stradone asfaltato della nuova strada del passo (a sinistra si trova un piccolo cimitero militare).

Si segue la strada per circa mezzo chilometro, poi si prosegue di nuovo lungo la vecchia strada, ormai diventata una forestale che conduce in serpentine fino al **Munt de Valparola** (1749 m, malga estiva) **05**. Lungo una strada sabbiosa si cammina fuori dalla valle fino ai prati Sciarè, dove un cartello indica a destra la strada per il passo di Valparola. Arrivati al ponte del Rio Sciarè si chiude il giro.

LẸCH DE LAGACIÓ

In discesa sotto le cime del Lagazuoi e del Fanes

12 km | 3.45 ore | 145 m | 1236 m | 624

PARTENZA | Stazione a valle della funivia Lagazuoi (2752 m); stazione a valle al Passo Falzárego.
[GPS: UTM Zona 32 x: 730.692 m y: 5.157.082 m]
CARATTERISTICHE | Itinerario in discesa poco faticoso, al di sotto della Gran Forcella, tratti più esposti (funi metalliche) e detriti.

Per una volta una gita un po' più tranquilla? Nessuna salita faticosa, ma una gita sempre in discesa che comunque offre una vetta e una stupenda vista sulle magnifiche Dolomiti, un laghetto idilliaco e tre rifugi aperti – tutto questo lungo un percorso abbastanza

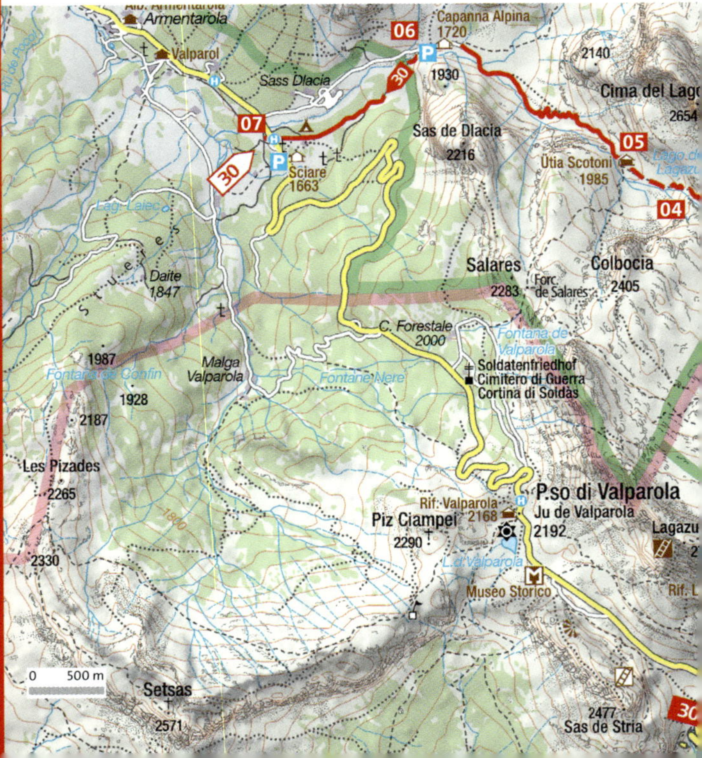

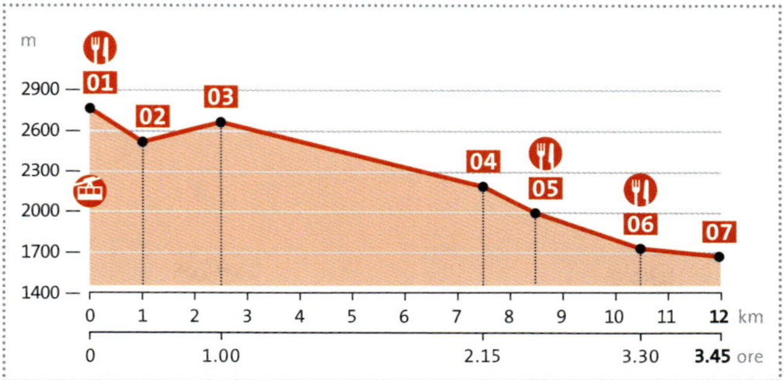

01 Rifugio Lagazuoi, 2752 m; **02** Forcella Travenanzes, 2507 m; **03** Gran Forcella, 2652 m; **04** Lêch de Lagació, 2182 m; **05** Ütia Scotoni, 1985 m; **06** Capanna Alpina, 1720 m; **07** Strada di Valparola, 1661 m

corto. Chi inizia l'itinerario alla fune metallica al Piccolo Lagazuoi, dopo essere salito con la funivia, riesce ad arrivare alla strada di

Le pareti del Fanes che riflettono la luce del tramonto.

Valparola in sole tre ore, anche se sarebbe un peccato, vista l'invitante possibilità di camminare ancora un po'. La Gran Forcella offre un'affascinante vista in lontananza e anche in basso e al Lêch de Lagació si trovano tanti bei posti per fare una sosta. Chi ha portato un binocolo con sè, con un po' di fortuna ha anche la possibilità di osservare gli arrampicatori che scalano la parete sud-ovest della Cima Scotoni.

▶ Dal **Rifugio Lagazuoi** 01 si scende prima ripidamente per il fianco di detriti a nord fino ad arrivare alla Forcella Lagazuoi (2573 m). Uscendo dalla forcella a destra, appena in salita, fino alla **Forcella Travenanzes** (2507 m) 02. Ora si continua lungo una stretta via ai piedi dei denti rocciosi del Gran Lagazuoi (2835 m), passando per una forcella mini e salendo fino alla **Gran Forcella** (2652 m) 03 con scenario impressionante all'ingresso della Via ferrata Tomaselli. Un sentiero molto originale conduce fuori dalla conca, si prosegue per campi di detriti (funi metalliche), ripidamente in basso fino ai piedi ovest del Gran Lagazuoi. Attraversando dei campi di detriti e terreno poco piano si giunge al sentiero che proviene dal Piccolo Lagazuoi. Questo sentiero conduce per l'enorme circo glaciale del Monte de Lagazuoi in direzione nord, scendendo fino al pittoresco **Lệch de Lagació** (2182 m) 04.

Discesa: Dal lago di montagna si prosegue per un bel sentiero che scende in tornanti fino all'**Ütia Scotoni** (1985 m) 05, in bella posizione al Plan de Lagació. La vista sull'impressionante Piz dles Conturines è straordinaria. Al rifugio termina una pista di detriti che conduce ripidamente in basso fino al Plan dal'Ega. Si oltrepassa su lato sinistro il grande parcheggio della **Capanna Alpina** 06, attraversando poi il Rü Sciarè e proseguendo per un bel sentiero nel bosco fino al campeggio e la fermata dell'autobus che si trova sulla **strada di Valparola** 07 (Punt de Sciarè, 1661 m).

LAGAZUOI PIZO

Guerra e pace

8 km | 4.45 ore | 833 m | 833 m | 624

PARTENZA | Passo Falzárego (2105 m) sulla “Grande via delle Dolomiti”, da La Villa per il Passo Valparola, 17 km. Grande parcheggio alla stazione a valle della funivia Lagazuoi.
[GPS: UTM Zona 32 x: 730.771 m y: 5.156.089]
CARATTERISTICHE | Itinerario emozionante lungo il fronte della guerra del 1915-17. La salita contiene alcuni tratti assicurati; discesa non problematica per la galleria, scarponi adeguati sono indispensabili, necessaria una pila.

Le montagne intorno al Passo di Falzarego – dal Sass de Stria (gita 32) al Castelletto alla Tofana di Rozes – erano linea di fronte durante la prima guerra mondiale. Tutt’oggi si vedono le tracce di questi combattimenti sanguinosi. I due enormi coni di detriti ai piedi del Piccolo Lagazuoi derivano da esplosioni provocate durante la guerra. Sentieri, gallerie e vecchie fortezze furono ristrutturati. Così fu creato un gigantesco museo all’aperto: un triste ricordo davanti a un grandioso scenario di montagna. L’attraversamento del Piccolo Lagazuoi è molto bello e conduce dapprima alla vetta (per un sentiero ristrutturato), poi all’interno della montagna: attraverso la galleria Lagazuoi, lunga 1100 m e in parte molto buia. Si scende quindi fino al piede della roccia. Chi preferisce fare solo mezzo percorso sale e scende con la funivia.

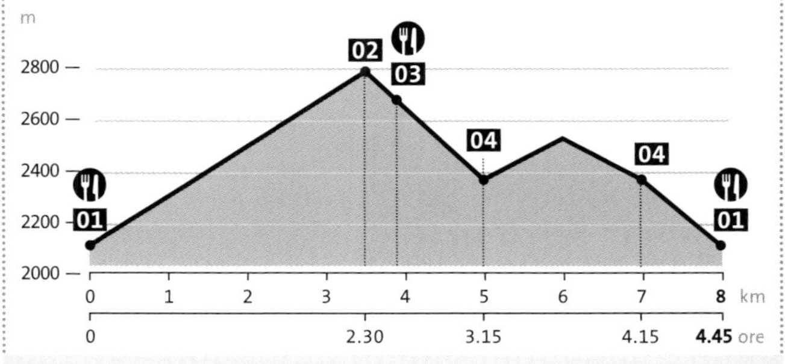

01 Passo Falzárego, 2105 m; 02 Piccolo Lagazuoi, 2778 m; 03 Rifugio Lagazuoi, 2752 m; 04 Bivio Cengia Martini, 2360 m

Cengia Martini.

▶ Questo giro emozionante inizia al **Passo Falzárego** (2105 m) **01**. Dal grande parcheggio si segue per prima cosa il largo sentiero verso la Forcella Travenanzes, lo si lascia poi verso sinistra, salendo per pendii pietrosi fino alle trincee ricostruite. Il sentiero s'immette più in alto nella "**Via ferrata dei Kaiserjäger/Kaiserjägersteig**" che conduce dalla vecchia fortezza Tre Sassi al Passo di Valparola. Conduce a destra verso le rocce. Il sentiero per un breve canaletto è assicurato, si attraversa una gola su un ponte sospeso. Si giunge all'enorme terrazzo di detriti che si trova a metà parete, passando per terreno pietroso. Gli austriaci avevano preso posizione proprio qui; due gallerie portavano alle prime file della difesa. Un canale roccioso conduce a un terrazzo che porta fino al crinale ovest del **Piccolo Lagazuoi** **02**, salendo dolcemente e in parte assicurato con funi metalliche.

Si cammina per il largo crinale roccioso fino al **Rifugio Lagazuoi** (2752 m) **03**, con bella vista anche sulla Val Travenzanes, molto contesa durante la prima guerra mondiale. La Tofana di Rozes (3225 m) è un vero richiamo con la sua marcata parete ovest e il lato sud, leggendario per chi vuole fare una scalata. A destra si trovano due giganti delle Dolomiti Ampezzane, il Sorapiš (3205 m) e l'Antelao (3264 m) con la sua parete inclinata. Il Pelmo (3168 m) e il Civetta (3220 m) dominano l'orizzonte, a sud-ovest – inconfondibile grazie al firn – sovrasta la Marmolada (3343 m), il "tetto delle Dolomiti".

Galleria Lagazuoi: Un sentiero ricostruito conduce dal rifugio all'entrata della grande galleria italiana. Truppe del Genio militare scavarono un tunnel di ben un chilometro di lunghezza e due metri di diametro. Ci impiegarono sei mesi dal piede delle rocce della parete sud del Lagazuoi fino a 40 metri sotto la postazione degli austriaci (2668 m, poggio), dove il 20 giugno 1917 fecero detonare una carica esplosiva.

La "Galleria Lagazuoi" s'immette nella **Cengia Martini** **04** che – salendo verso destra – attraversa la parete sud del massiccio. L'originale galleria di accesso è crollata. Si passa dunque "da fuori" su un tratto assicurato con funi metalliche, giungendo a una gola selvaggia. Dietro a questa continua il sentiero per la Cengia Martini, in parte fiancheggiato da baracche e resti di postazioni. Poco più tardi si arriva all'entrata della galleria che sale ripida nella montagna ma che è un vicolo cieco.

Si esce da un buco scuro, scendeno poi fino alla Cengia Martini e tornando allo sbocco della Galleria Lagazuoi. L'itinerario conduce in pendenza verso una gola, poi con piccola salita per un breve tunnel fino ai piedi delle rocce. Un sentiero scende in serpentine ai prati pietrosi sopra il **Passo Falzárego** **01**.

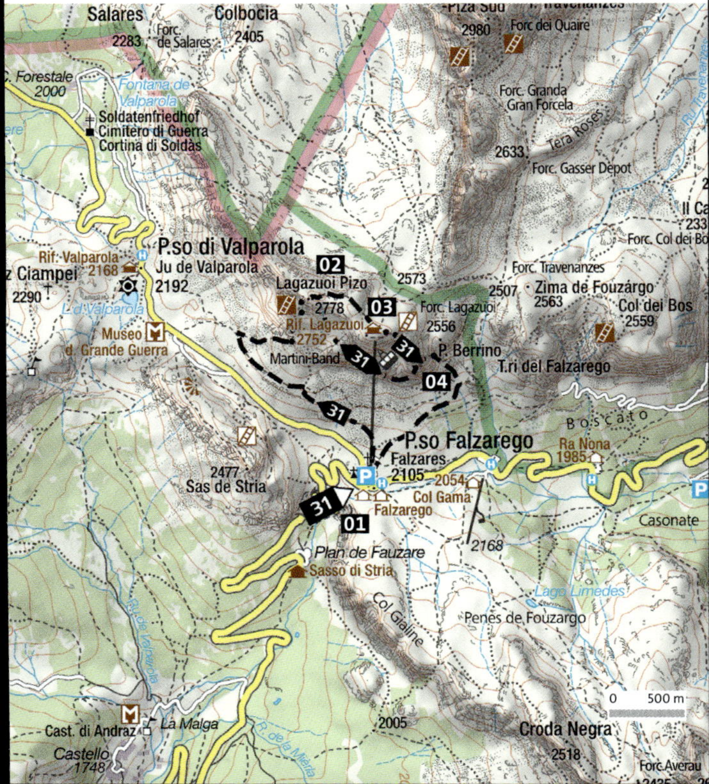

SASS DE STRIA

Piccolo monte con profilo

3 km | 1.45 ore | 294 m | 294 m | 624

PARTENZA | Fortezza Tre Sassi (2183 m) al Passo di Valparola. Parcheggio vicino al museo della guerra, 15 km da La Villa.
[GPS: UTM Zona 32 x: 729.386 m y: 5.157.105 m]
CARATTERISTICHE | Itinerario corto ma impegnativo, piccolo tratto da arrampicata per arrivare in vetta (due brevi scale). Non consigliabile in caso di maltempo, terreno molto scivoloso!

Sarebbe meglio avvicinarsi al Sass de Stria da sud, passando dalla strada di Falzarego, dato che qui si presenta come un bel triangolo. Ma non stupisce, il Sass de Stria è una meta famosa per scalatori che offre itinerari di varia difficoltà. È necessario fare un po' di arrampicata anche lungo la strada normale che conduce lungo il lungo crinale a nord-ovest. Due scale aiutano a uscire da un canale molto ripido. Dalla vetta si gode una bella vista sul Passo di Falzarego (2105 m); la vista sul Piccolo Lagazuoi (2778 m) è molto interessante, linea di fronte molto contesa durante la prima guerra mondiale (vedi gita 31).

Dal parcheggio **Tre Sassi** (2183 m) **01** si prosegue lungo un bel sentiero, segnalato di tanto in tanto con indicazioni rosse. Si sale verso una grande roccia dipinta tanti anni fa di blu da un burlone (o forse un artista?). Si passa a sinistra di questa roccia blu, continuando per un canale e per vecchie trincee fino ad arrivare a una piccola malga verde. Rocce a scalini conducono all'entrata di un ripido valloncello (I-II grado). Poi,

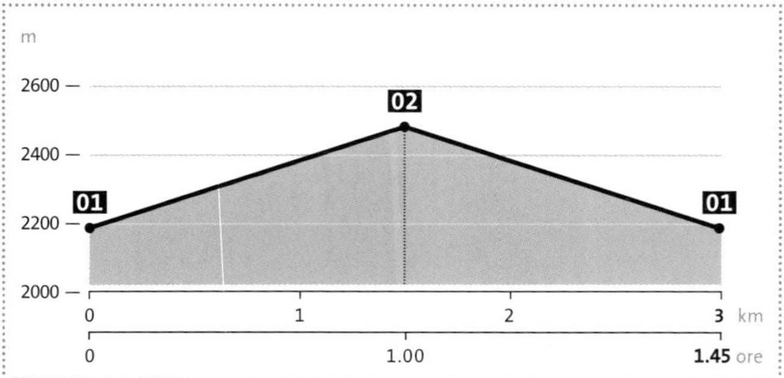

01 Tre Sassi, 2183 m; **02** Sass de Stria, 2477 m

Museo Fortezza Tre Sassi

La fortezza Tra i Sassi al Passo di Valparola – oggi per sbaglio chiamata Tre Sassi – fu quasi distrutta dall'artiglieria italiana all'inizio della prima guerra mondiale. Oggi è un museo con tanti oggetti esposti della grande guerra (in estate aperto dalle ore 10–13 e dalle ore 14–17).

grazie a due scale, per uno stretto camino e per terreno mal percorribile fino alla vetta del **Sass de Stria** 02.

Discesa: Vedi salita (e solo sulla di della salita!)

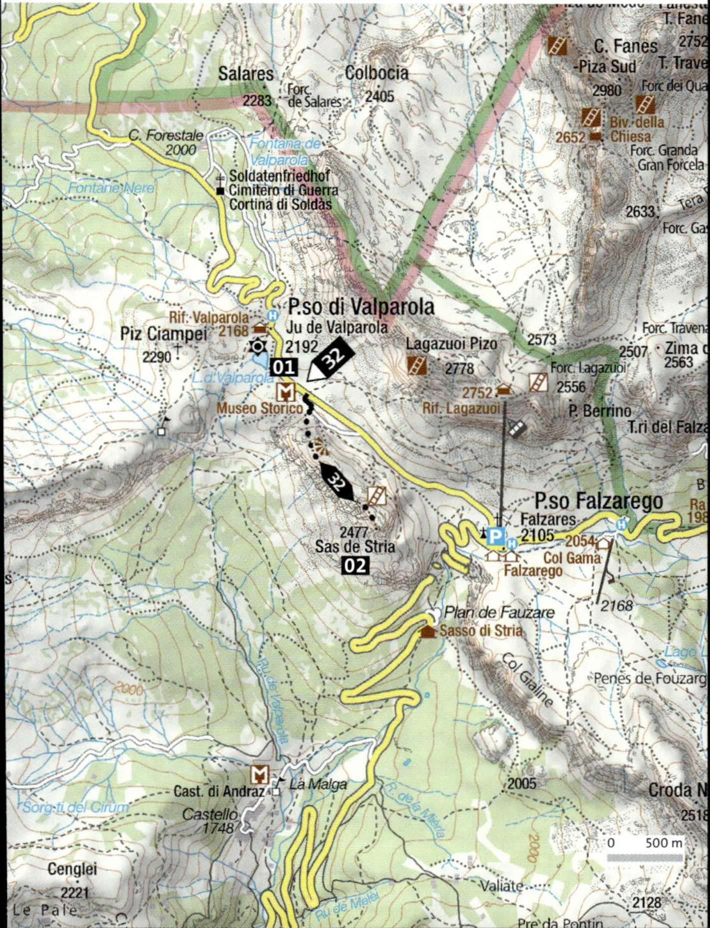

Vista dall'alto dal Sass de Stria sul Passo di Falzarego.

INTORNO AL SETSAS

Tra il Passo di Valparola e Pralongià

11 km | 4.00 ore | 520 m | 520 m | 624

PARTENZA | Passo di Valparola e Rifugio Valparola (2168 m), passaggio dall'Alta Badia al Passo di Falzarego, 14 km da La Villa. [GPS: UTM Zona 32 x: 729.177 m y: 5.157.471 m]
CARATTERISTICHE | Itinerario con bella vista per sentieri di montagna ben segnati, breve passaggio roccioso (semplice) sul fianco nord del Monte Castello.

Setsas

Il giro è facile da combinare con l'ascensione delle "sette rocce" (Setsas, 2571 m). Una traccia ben segnata (che devia appena sotto il Pizades) conduce per il crinale nord-ovest fino alla vetta panoramica che non è il "Sas" più alto, ma un poggio appena più basso. Un'ora e mezza tra andata e ritorno.

Il lungo crinale del Setsas con tutte le sue cime è circondato da bei sentieri ben segnati: poca salita ma tanta vista, innanzitutto sull'Alta Badia e le sue montagne. La seconda metà del percorso offre una bella vista soprattutto sui giganti delle Dolomiti al di sopra della Valle di Cordévole e lo Zoldano: Marmolada, Civetta, Pelmo. È anche importante non lasciarsi sfuggire i piccoli dettagli lungo il sentiero: la flora delle Dolomiti!

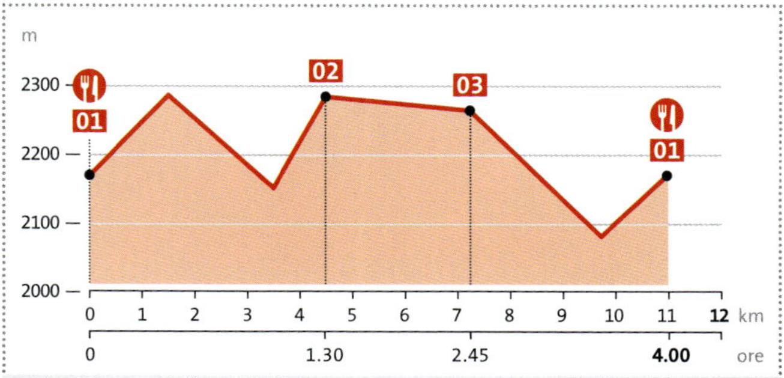

01 Rifugio Valparola, 2168 m; 02 Les Pizades, 2282 m; 03 CrestaSief, 2262 m

La Marmolada vista dall'anello del Setsas.

Al bordo del Pralongià: il giro inizia direttamente al **Rifugio Valparola** (2168 m) **01**. Prima si passa dall'omonimo lago, poi per pendii pratosi in alto fino alla depressione (2227 m) sotto al Piz Ciampei. Qui il sentiero passa sul lato nord del crinale fino ad arrivare a Les Pizades. Prima si sale dolcemente, dietro il Monte Castello (2371 m) poi si scende di circa 100 m di dislivello. Dal Vallon Pudres si sale ripidamente verso il terreno roccioso di **Les Pizades** (2282 m) **02**. Con bella vista sulle malghe del Pralongià si passa sotto il crinale, in seguito si scende a ovest verso i prati dello Störes. Al bivio (indicazioni) si gira a sinistra e lungo un sentiero stretto e senza grande differenza di dislivello fino alla **Cresta Sief** (2262 m) **03**.

A nord dell'omonimo passo si attraversa l'erboso crinale, scendendo poi per una piccola vallata con il bel nome Gerda. Si continua a sud del Monte Castello (che, visto di lato, sembra una fortezza) per un bosco rado di larici, infine si ritorna in salita verso il **Passo Valparola** **01**.

34

COL DI LANA

Ombre del passato

12.5 km | 4.45 ore | 660 m | 660 m | 624

PARTENZA | Passo di Valparola/Rifugio Valparola (2168 m), passaggio dall'Alta Badia al Passo di Falzarego, 14 km da La Villa.
[GPS: UTM Zona 32 x: 729.177 m y: 5.157.471 m]
CARATTERISTICHE | Più escursione di montagna che ascensione. il crinale in parte roccioso tra Sief e il Col di Lana è attrezzato.

Una breve occhiata sulla carta geografica evidenzia per quale motivo vale assolutamente la pena si scalare il Col di Lana: il panorama. Il poggio poco appariscente si trova nel centro geografico delle Dolomiti e anche se gli manca la statura, almeno la vista offre tanti profili rocciosi e impressionanti, una vera sfilata di vette e la Marmolada (3343 m) è in prima linea. Il Col di Lana è diventato (tristemente) noto durante la prima guerra mondiale. A quell'epoca era molto conteso come postazione cruciale del fronte: era proprio qui dove gli alpini cercavano lo sfondamento nella Val Pusteria, ma senza aver successo. Infine fecero saltare la vetta con cinque tonnellate di nitrogelatina. Morirono 100 soldati austriaci, ma non ebbe un riscontro strategico importante. L'enorme cratere si vede ancora oggi, lì accanto si trova una cappella commemorativa. La cappella fu consacrata nel 1935, mentre i fascisti d'Europa stavano preparando la prossima catastrofe globale.

▶ Dal **Passo di Valparola** (2168 m; indicazioni) 01 si scende dapprima passando dall'omonimo

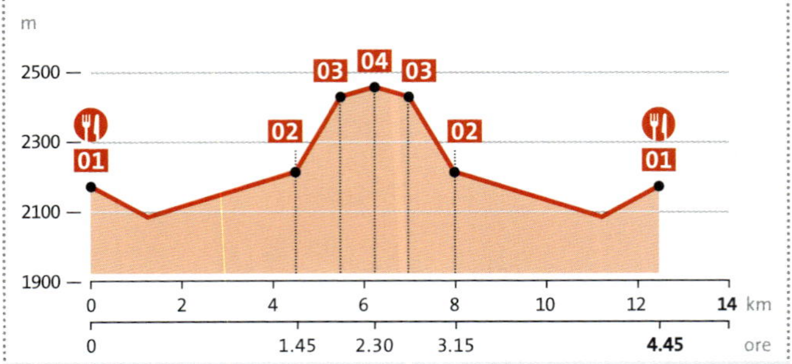

01 Rifugio Valparola, 2168 m; 02 Passo Sief, 2209 m; 03 Sief, 2424 m; 04 Col di Lana, 2462 m

Salares
2283
Forc. de Salares
Colbocia
2405
Daite
1847
C. Forestale
2000
Fontana de Valparola
1987
Fontana de Confin
Malga Valparola
Fontane Nere
Soldatenfriedhof
Cimitero di Guerra
Cortina di Soldàs
1928
2187
Les Pizades
2265
34
01
P.so di Valparola
Ju de Valparola
2192
Rif. Valparola
2168
Piz Ciampei
2290
2330
L.d.Valparola
Museo Storico
Lagazu
Setsas
2571
2477
Sas de Stria
Pico Setsas
2429
2262
02
P.so Sief
2209
Cast. di Andraz
La Malga
Castello
1748
Sorg.ti del Cirum
2424
Cima Sief
03
Cenglei
2221
Col di Lana
Le Pale
2462
04
2450
Brigata Cadore
Balanzon
Ciamplò
1600
La Baita
I Ronc
Spiz de Ciamplác
2200
2125
Ciamplac
Franza
Cernadoi
Costa
Prade
203
Agai
1723
Andraz
1414
Pieve di Livinallongo
Ladinisches Museum
Cêsa Padon
Gruopa
Palla
1676
48
Sorarù
Foppa
Retic
48
Foràn
Molinat
de Sóura
Salsei 1450
1350
Sotil
Sottocrepa
Costa di Salsei
Col de Teba
0 500 m

laghetto basso e per prati in parte paludosi e infine attravesando un corto canale roccioso. Dopo un attraversamento più lungo si inizia la salita che conduce per boschi radi di larici e pino cembro. Si sale fino a raggiungere il lungo crinale erboso che collega il Setsas con il Sief.

Al **Passo Sief** (2209 m) 02 si trovano – come spesso nelle Dolomiti – dei relitti della prima guerra mondiale: trincee ristrutturate, postazioni, filo spinato. Tutti questi relitti accompagnano l'escursionista fino alla vetta, oltrepassando il poggio del **Sief** (2424 m) 03 e proseguendo per il crinale roccioso e dirupato del **Col di Lana** (2422 m) 04.

Infine esistono ancora alcuni tratti ben assicurati e non esposti, dove bisogna arrampicarsi.

Discesa: Vedi la via di andata.

La piccola cappella al Col di Lana.

PIZ LA ILA

Attraverso il Pralongià

11.5 km | 3.30 ore | 323 m | 413 m | 624

PARTENZA | Passo di Valparola/Rifugio Valparola (2168 m), passaggio dall'Alta Badia al Passo di Falzarego, 14 km da La Villa.
[GPS: UTM Zona 32 x: 729.177 m y: 5.157.471 m]
CARATTERISTICHE | Bella escursione in alta montagna, poche salite. Attenzione: in caso di nebbia è facile perdere l'orientamento!

Bella vista sull'intero mondo roccioso dell'Alta Badia, dal Passo di Valparola per l'altopiano di Pralongià fino al Piz la Ila, il punto più a nord. Questa gita non è tanto difficile, evitando così grandi salite. Chi vuole aumentare la dose, conquistando una vera vetta, può fare un salto al Setsas (2571 m) (gita 33).

Al **Rifugio Valparola** (2168 m) 01 ci sono delle indicazioni per il Pralongià. Dapprima il sentiero stretto conduce sopra il Lago di Valparola, sale poi per pendii prativi fino a una conca (2227 m) sotto il Piz Ciampei. Qui si passa al lato nord del crinale del Setsas che ora bisogna attraversare fino a Les Pizades: prima un po' in salita, poi dietro il Monte Castello (2371 m) si giunge al Vallon Pudres, scendendo leggermente. Dalla conca di Pudres si sale ripidamente verso le rocce di **Les Pizades** (2282 m) 02, passando dal bivio segnalato che conduce al punto più alto del Setsas. Ora si prosegue von bella vista per le malghe di Pralongià, poi si scende in direzione ovest verso i prati dello Störes. Al bivio (segnavia) si continua sempre diritto e

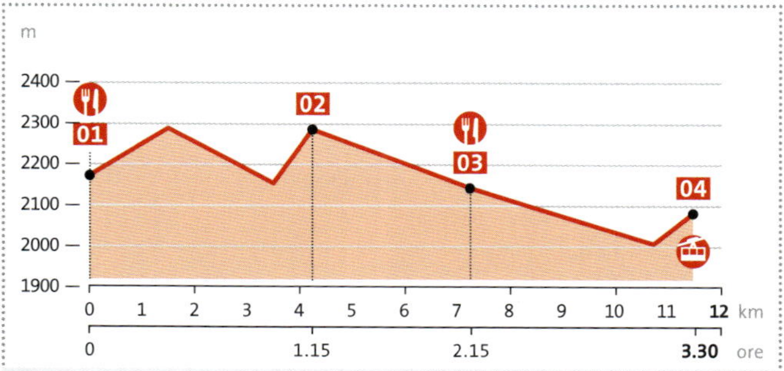

01 Rifugio Valparola, 2168 m; 02 Les Pizades, 2282 m; 03 Pralongià, 2139 m; 04 Piz la Ila, 2078 m

appena a destra del crinale erboso verso **Pralongià** (2139 m) **03**, con una piccola cappella e l'omonima locanda.
Si prosegue lungo il largo crinale a zig zag, con bella vista – soprattutto sulle Cime del Fanes, Conturines e Sasso di Santa Croce – fino al poggio di Bioch (2079 m) con la prossima "tentazione per una sosta". Lì, dietro a un pendio boscoso, si scende per un breve tratto e si arriva al Rifugio La-Brancia (chiuso in estate). Si continua lungo la strada, oltrepassando l'Ütia la Fraina (2003 m), fino a giungere a una conca (1977 m).
Qui il sentiero si biforca: si scende leggermente a destra, prevalentemente all'ombra, seguendo il segnavia numero 4, fino a La Villa oppure si sale sempre diritto fino alla stazione a monte (2077 m) della grande funivia del **Piz la Ila** (2078 m) **04** che in pochi minuti scende fino a La Villa.

Pralongià e Sassongher.

PRALONGIÀ

Escursione panoramica in alta montagna

11 km | 3.00 ore | 300 m | 725 m | 624

PARTENZA | Stazione a monte della funivia Col-Alt (1980 m), stazione a valle a Corvara. [GPS: UTM Zona 32 x: 721.248 m y: 5.159.508 m]
CARATTERISTICHE | Percorso non impegnativo, in parte strade carrozzabili. Bella vista in lontananza, fastidiosi i piloni degli impianti.

Anche da Corvara si può salire con l'impianto fino al bordo dell'altopiano di Pralongià, quindi scendere alla stazione a monte e iniziare la bella gita. La lunghezza dell'itinerario è variabile. È possibile scendere quasi in tutte le direzioni e con il bus SAD si torna comodamente a Corvara. La maggior parte degli escursionisti combineranno la gita con una buona merenda, per fortuna che ci sono diversi rifugi tra Col Alt e Pralongià.

Un sentiero in salita conduce da **Col Alt** (1980 m) 01 fino a un bivio stradale, poi verso nord, seguendo il segnavia 23, camminando intorno al Piz Arlara e salendo poi all'Ütia La Fraina (2003 m). Si continua per una strada sterrata in direzione destra fino al Rifugio La-Brancia (chiuso in estate). La casa resta sulla destra, seguendo il largo sentiero attraverso un pendio boscoso fino all'Ütia de Bioch (2079 m). Quindi a sud per il crinale principale, infine in salita fino al **Pralongià** 02 con la sua chiesetta (2139 m) (b). Il Rifugio Pralongià si trova appena sotto il punto panoramico.
Discesa: Il percorso inizia lungo una larga strada verso ovest fino allo **Ju d'Inzija** (1920 m) 03. Si segue quindi il segnavia 24

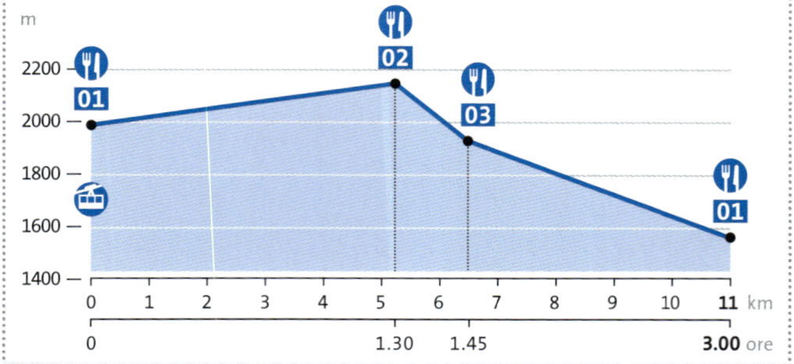

01 Col Alt, 1980 m; 02 Pralongià, 2139 m; 03 Ju d'Inzija, 1920 m; 04 Corvara, 1555 m

Ciasa Soleil
Clampidel
Rüdeferia
Schloss Colz
2257
Ruac
1438
R. Cadera
Col Pici Runc
1715
1516
Costadedoi
1500
Sopla
Fontanacia
Hotel Dolomiti
1675
244
Bubjadac
Verda
1438
1922
Piz la Ila
2078
Ütia Piz la Ila
2077
Rü Fosch
Pescosta
Rif. Ferrante
Ütia Col Alt
1980
Col Alt
1981
Piz dal Ander
1803
01
36
Ütia La Fraina
2003
Ütia L'Ciampai
1900
2002
Ütia Piz Surega
Ütia Las Vegas
2011
Ütia la Para
Ütia La Brancia
(nur Winterbetrieb)
Ütia I Tablà
Streichelzoo
04
Corvara
Corvara in Badia
Marmolada
2002
Braia Fréida
Ütia Piz Arlara
2003
Col
Plan
Cinacei
Ütia Bioch
2079
Arlara
Rü Tort
Freines
Negerhütte
(nur Winterbetrieb)
1750
1922
Ütia La Baita
Pre da Raus
Trognes
1692
M.ga Tranrus
Planac
Val Buna
Val
Burja
2028
Ütia Punta Trieste
Pralongia
2139
Ütia Pralongia
2109
02
Stores
2181
Bosch d' Inzija
Ütia Crep de Mont
1959
Ütia La Marmotta
1920
03
Ütia Inzija
1925
244
Munt
2025
Rif. Cherz
2080
2171
Campolongopass
P.so Campolongo
Ütia la Vizza
Ütia la Gjasota
1760
1839
Ru de Salvacia
C.ra Crepaz
1740
La Siea
Fontanele
1865
0
500 m
2097
Souracengle

La Majun – un'oasi benessere

A chi fa piacere conbinare una vacanza in montagna con qualche giorno in un bell'albergo, chi sa apprezzare una buona cucina e vera ospitalità, fa bene a visitare la famiglia Mellauner a La Villa. La propria cantina offre inoltre diverse bontà ai conoscitori di vini. Hotel La Majun, Colzstraße 59, I-39030 Stern/La Villa; Telefono 0471/84 70 30, www.lamajun.it

fino alla piccola valle del Rü de Confin, il torrente di confine. A destra si oltrepassa il campo da golf, scendendo poi fino al parcheggio della funivia a **Corvara** (1555 m) **04**.

Rocce scoscese e prati ameni: Sass di Santa Croce e Lavarella.

SASSONGHER

Il simbolo roccioso di Corvara

8.75 km | 4.15 ore | 627 m | 1025 m | 624

PARTENZA | Stazione a monte della funivia del Col-Pradat (2038 m), stazione a valle a Colfosco.
[GPS: UTM Zona 32 x: 719.105 m y: 5.160.450 m]
CARATTERISTICHE | Ripido itinerario in vetta, su terreno non facile e roccioso (assicurato), alla fine anche detritico. Passo sicuro ed esperienza di montagna sono indispensabili.

È conosciuto come il simbolo alpino di Corvara e supera di circa un chilometro in altezza sia vallata che paese. Solo guardando meglio, durante il tragitto verso Colfosco, si vede che il Sassongher (2665 m) è anche una meta (amata) dagli escursionisti. Si ha una buona vista sul "retro debole", il crinale di nord-ovest con poco meno di 30 gradi di inclinazione. Segue la salita segnata verso la vetta e delle funi metalliche aiutano ad attraversare un solo tratto roccioso. Arrivati in cima, si apre un'affascinante panorama. In modo molto impressionante si ammira il Sella a "due piani" con vette e valloncelli, dietro ai quali spunta la Marmolada. Le malghe verdi di Pralongià sono in un forte contrasto con questo quadro roccioso. Civetta e Pelmo salutano dallo Zoldano, le montagne del massiccio del Fanes formano un'imponente falange rocciosa.

▶ Dalla stazione a monte del **Col Pradat** (2038 m) **01** si scende di qualche passo, poi verso la Valle Stella Alpina, passando sotto la parete di sud-o-

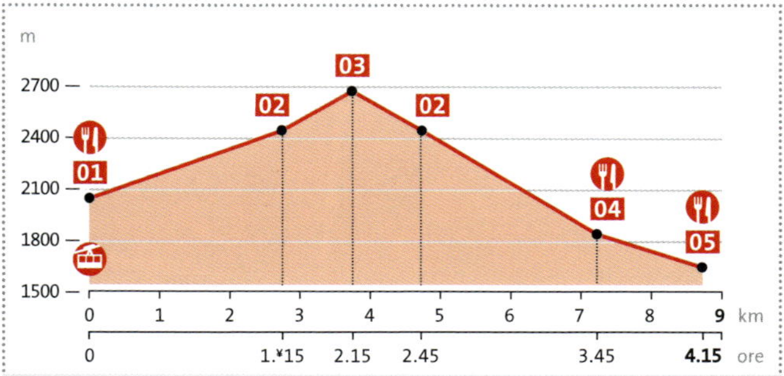

01 Col Pradat, 2038 m; **02** Forcella di Sassongher, 2435 m; **03** Sassongher, 2665 m; **04** Rifugio Edelweiß, 1832 m; **05** Colfosco, 1640 m vest del Sassongher. A sinistra s'immette il sentiero proveniente da Colfosco e poco più avanti inizia la salita verso la vetta. Il sentiero sale in diagonale, oltrepassa tutte le zone rocciose e giunge quindi alla **Forcella di Sassongher** (2435 m) **02**, passando per un pendio erboso e scosceso. Dalla forcella sul largo crinale si sale fino a un punto molto roccioso ma facile da superare grazie a funi metalliche. Si prosegue comodamente fino al fianco di

Il Sassongher: simbolo di Corvara.

nord-ovest della vetta, ricoperto di detriti. Un sentiero a zig zag conduce poi fino al punto più alto del **Sassongher** 03 con croce e bella vista.

Discesa: Si segue la via di salita fino al bivio già menzionato nella Valle Stella Alpina. Qui si scende a destra fino all'accesso del Col-Pradat e quindi sempre in discesa fino al **Rifugio Edelweiß** (1832 m) 04. Si scende lungo la strada, infine asfaltata, fino a **Colfosco** (1640 m) 05.

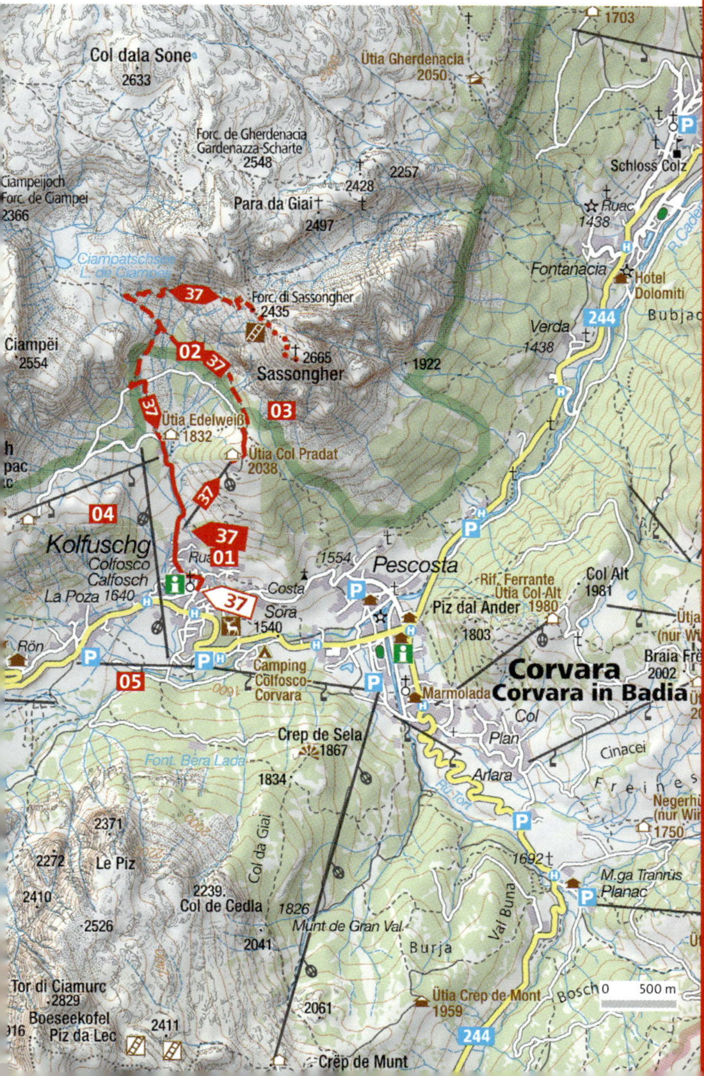

ALTA VIA DI COLFOSCO

Di fronte al massiccio del Sella

6.5 km | 2.00 ore | 40 m | 520 m | 624

PARTENZA | Passo Gardena (2121 m), strada per il passo tra Gardena e Alta Badia, 10 km partendo da Corvara.
[GPS: UTM Zona 32 x: 715.304 m y: 5.158.972 m]
CARATTERISTICHE | Alta Via molto tranquilla davanti allo scenario del massiccio del Sella. Flora stupenda in estate. Bell'itinerario da combinare con la scalata del Sassongher (gita 37).

"Guardare e godere" è il motto di questa escursione alpina che dal Passo Gardena conduce – senza ripide salite – per l'Ütia Forceles alla Valle Stella Alpina e scende poi fino a Colfosco. Il Sella si trova al centro dell'attenzione e in sole due ore di cammino si può studiare la sua struttura: torri, muri, fosse profonde, terrazzi massicci che

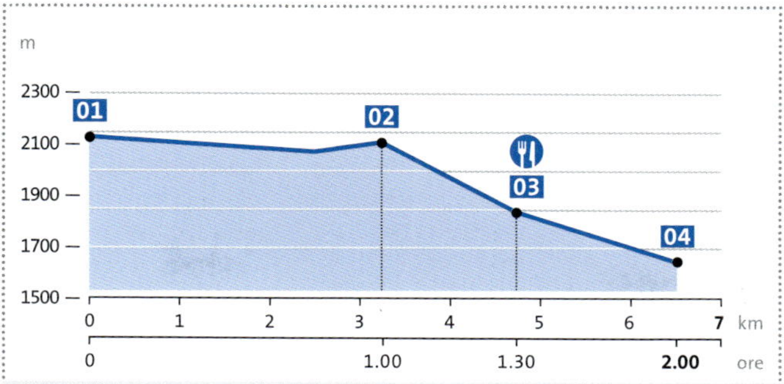

01 Passo Gardena, 2121 m; 02 Ütia Forceles, 2101 m; 03 Rifugio Edelweiß, 1832 m; 04 Colfosco, 1640 m

dividono la dolomite dello Sciliar da quella principale. Molto bella è la vista dalla Val de Mezdì fino al Piz Boè. Dal Rifugio Forceles si vede, addirittura a occhio nudo, il ponte sospeso della via ferrata Pisciadù fino alla Torre Exner! Attenzione a non lasciarsi sfuggire i piccoli dettagli lungo il sentiero: la flora delle Dolomiti! Soprattut-

Più comodo in autobus

Anche chi arriva con la propria macchina fa bene a conoscere i vantaggi del collegamento autobus dell'Alta Badia. Gli autobus SAD rendono accessibili i punti di partenza situati in alto, come ad esempio il Passo Gardena e il Passo di Valparola, rendendo quindi possibile fare delle escursioni molto interessanti: non serve dunque ritornare ad un parcheggio. Gli orari degli autobus si ricevono presso gli uffici turistici o negli alberghi.

to all'inizio dell'estate, tutti i prati sotto il Col Toronn (2655 m) e il Sas Ciampac (2672 m) sono in piena fioritura e la valle che scende verso Colfosco, deve il proprio nome a questa caratteristica.

▶ Dal **Passo Gardena** (2121 m) **01** si prosegue lungo un bel sentiero fino alla Malga Cir (2093 m), poi si esce dalla valle, in dolce saliscendi per prati e boschi radi dei pendii a sud. Si sale per un breve tratto fino all'**Ütia Forceles** (2101 m) **02**, dietro alla quale si scende per detriti fino al **Rifugio Edelweiß** (1832 m) **03**. Infine si attraversa la Valle Stella Alpina lungo una strada che scende verso **Colfosco** **04**.

Gita tranquilla con bella vista: "Alta Via di Colfosco".

RIFUGIO PUEZ DAL PASSO GARDENA

Gli altopiani di Crespeina e Puez

14 km | 5.00 ore | 620 m | 1100 m | 624

PARTENZA | Passo Gardena (2121 m), strada per il passo tra Gardena e Alta Badia, 10 km partendo da Corvara.
[GPS: UTM Zona 32 x: 715.304 m y: 5.158.972 m]
CARATTERISTICHE | Giro poco impegnativo sugli altopiani della Vallunga

Questa è una gita di contrasti e degli inaspettati cambiamenti di scena. Chi vuole paragonare il bosco di denti rocciosi intorno alla Forcella Cir agli altopiani di Crespeina, le pareti verticali Monte de Sëura (2548 m) alla Gherdenacia? Al Passo Crespeina pare di entrare in un altro mondo (delle Dolomiti), tutto sembra cadente e provvisorio, gli enormi campi di detriti, rocce erose dall'acqua nell'arco di tanti millenni: un cantiere geologico.

▶ Dal **Passo Gardena** (2121 m) 01 si segue la strada sabbiosa che sale per i prati fioriti del Gran Cir fino all'impianto Dantercëpies. A destra devia il sentiero verso il Rifugio Jimmy (2222 m). Dietro la casa si sale ripidamente per il pendio, si prosegue per il bosco di denti rocciosi della **Forcella Cir** (2462 m) 02. Lo scenario è affascinante. Al di là della forcella si scende per qualche metro, poi a destra nell'angolo più alto della Val Chedul e nuovamente a destra fino alla **Forcella de Crespëina**

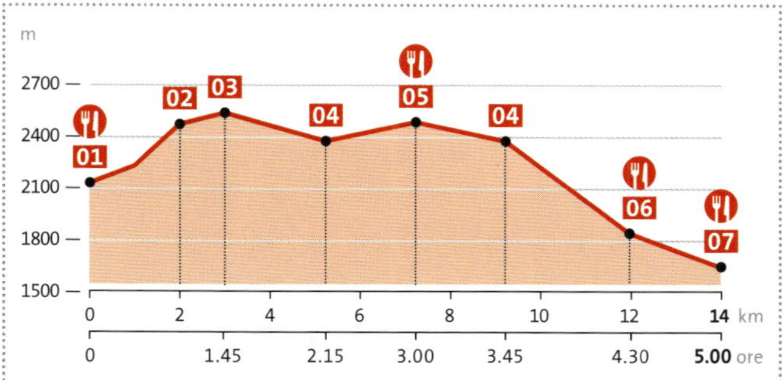

01 Passo Gardena, 2121 m; 02 Forcella Cir, 2462 m; 03 Forcella de Crespeina, 2528 m; 04 Forcella de Ciampei, 2366 m; 05 Rifugio Puez, 2475 m; 06 Rifugio Edelweiß, 1832 m; 07 Colfosco, 1640 m

(2528 m) 03. Arrivati alla forcella, si apre l'altopiano di Crespeina. In una verde conca a sinistra sotto il sentiero si trova lo specchio scuro del Lago Crespëina (2374 m).
Dopo una corta discesa il sentiero attraversa l'altopiano in direzione nord-est fino al bivio della **Forcella de Ciampei** (2366 m) 04. Si sale per alcuni stretti valloncelli, poi si prosegue in un largo arco a sinistra lungo il margine dell'altopiano della Gherdenacia. Infine si giunge al **Rifugio Puez** (2475 m) 05.
Discesa: Vedi via di andata fino alla **Forcella de Ciampei** 04, poi si scende lungo un bel sentiero a tornanti fino alla Valle Edelweiß. Passando dal piccolo Lêch de Ciampei si scende lungo una strada ghiaiosa fino all'**Ütia Edelweiß** 06 indi a **Colfosco** (1640 m) 07.

Al Passo di Crespeina.

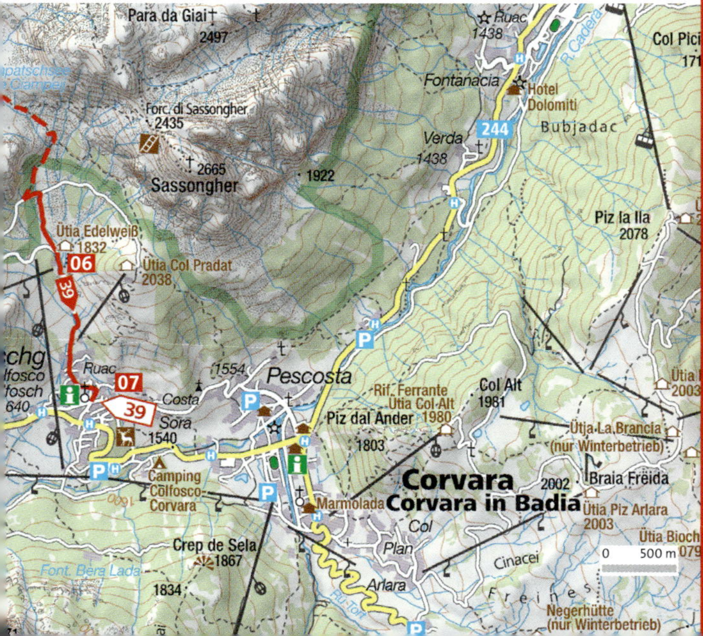

ATTRAVERSO LA GHERDENACIA

Lungo il percorso – lunga la discesa

15.75 km | 6.00 ore | 660 m | 1360 m | 624

PARTENZA | Passo Gardena (2121 m), strada del passo tra Gardena e Alta Badia, 10 km partendo da Corvara.
[GPS: UTM Zona 32 x: 715.304 m y: 5.158.972 m]
CARATTERISTICHE | Attraversamento generoso dei due altopiani di Crespeina e Gherdenacia, necessaria una buona condizione fisica. Solo in caso di bel tempo, comodi i bastoni a telescopio per la discesa.

Da affascinante a desolato – è come si caratterizza il paesaggio di altopiani tra il Sassongher e le Cime Puez: campi pietrosi invece di vedute da cartolina, crinali dirupati, dossi di arenaria e tanti detriti. Se poi si accumulano anche nuvoloni scuri sopra le vette, oppure si alza la nebbia dalla Vallunga, allora si che lo scenario alpino diventa spettrale. Ovviamente ci si augura una bella giornata di sole per il lungo itinerario attraverso l'altopiano della Gherdenacia – con bella veduta sulla falange del Sasso di Santa Croce, il Lavarella e i Conturines – con la luce più fotogenica, nota bene.

Dal **Passo Gardena** (2121 m) 01 si segue la stradina ghiaiosa che conduce a curve per i prati fioriti sotto il Gran Cir all'impianto Dantercëpies, fino a quando si devia a destra verso il Rifugio Jimmy (2222 m). Dietro la casa si sale ri-

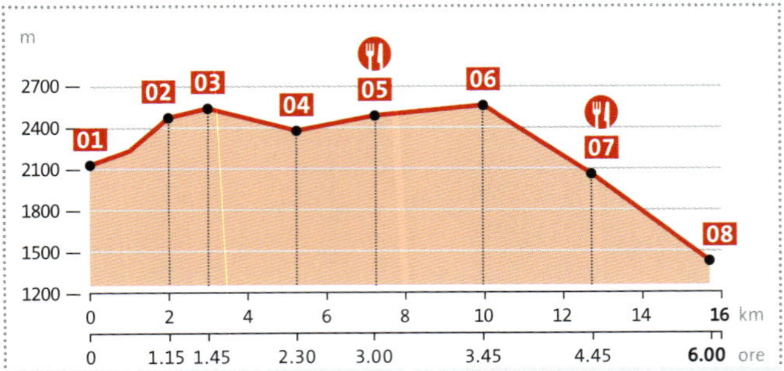

01 Passo Gardena, 2121 m; 02 Forcella Cir, 2462 m; 03 Forcella de Crespeina, 2528 m; 04 Forcella de Ciampei, 2366 m; 05 Rifugio Puez, 2475 m; 06 Forcella de Gherdenacia, 2548 m; 07 Rifugio Gardenacia, 2050 m; 08 La Villa, 1420 m

pidamente, poi ci s'immette nel bosco di denti rocciosi della **Forcella Cir** (2462 m) **02**. Scenario affascinante con queste bizarre torri rocciose. Al di là della forcella si scende appena, poi a destra fino al punto più alto della Val Chedul e ancora a destra, in salita fino alla **Forcella de Crespëina** (2528 m) **03**, da dove si apre l'altopiano. In una conca verde a sinistra, in basso sotto il sentiero, si trova lo specchio scuro del Lago Crespeina (2374 m). Dopo una corta salita, il sentiero attraversa l'altopiano verso nord-est fino al bivio della **Forcella de Ciampei** (2366 m) **04**. Si sale per qualche metro lungo uno stretto canale, poi in un grande arco a sinistra lungo il bordo dell'altopiano della Gherdenacia, infine si giunge al **Rifugio Puez** (2475 m) **05**.

Attraverso la Gherdenacia: Il grande cammino attraverso l'altopiano conduce dal rifugio circa quindici minuti indietro per la via di andata, poi si devia a sinistra, proseguendo lungo il sentiero numero 15 per l'altopiano grigio verde. La montagna di sabbia del Col dala Soné (2633 m) è molto interessante da vedere, a sud si vedono molto bene le prime vette del Sella. Si sale quindi fino alla **Forcella de Gherdenacia** (2548 m) **06**, oltre la quale, tra rocce e prati verdi, si continua in direzione est, prima abbastanza in piano. Chi ha voglia di una ulteriore emozione – una volta arrivati al bivio – segue le indicazioni verso destra

Costruito con la sabbia? Il Col dala Sonè sulla Gherdenacia.

in direzione delle rocce. Per un sentiero assicurato si giunge quindi alla grande croce della Para dai Giai (2453 m), un bellissimo punto panoramico sul retro del Sassongher (15 min, solo per esperti!). Il resto della discesa conduce per pendii pietrosi a sinistra in un canale, dove s'immette il sentiero nord della Gherdenacia (segnavia 11), poi in salita fino al **Rifugio Gardenacia** (2050 m) 07.

Al di sotto del rifugio a destra per i prati fino ad una conca fiancheggiata da rocce. Si scende ripidamente, poi a sinistra fuori dal canale (funi metalliche), proseguendo a tornanti fino ad una pista forestale. La si attraversa, seguendo poi il sentiero numero 15.

Infine fuori dal bosco e a sinistra fino alle prime case di **La Villa** (1420 m) **08**.

GRAN CIR

Piramide rocciosa sopra il Passo Gardena

4 km | 2.30 ore | 471 m | 471 m | 624

PARTENZA | Passo Gardena (2121 m), strada del passo tra Gardena e Alta Badia, 10 km partendo da Corvara
[GPS: UTM Zona 32 x: 715.304 m y: 5.158.972 m]
CARATTERISTICHE | Ascensione corta ma difficile. Rocce scivolose, tanto "traffico in senso opposto", indispensabile un passo sicuro!

Nel concerto dei "grandi", il Gran Cir è relativamente insignificante e il "gran" si riferisce solo al roccioso crinale di drago a nord, sopra il Passo Gardena – lí si che è il più grande. La vista dalla vetta si può tranquillamente misurare con quella di montagne più alte. Ciò che manca al panorama in lontananza, lo compensa con contrasti ricchi d'atmosfera: i muri del Sella a sud, il paesaggio lunare del Puez di fronte, tanto verde della Val Gardena, enorme e rocciosa la parete del Sassolungo.

▶ Dal **Passo Gardena** (2121 m) **01** si prosegue lungo la polverosa carrareccia che sale in direzione dell'impianto Dantercëpies. Al confine del Parco naturale (tabellone) si devia a destra fino all'entrata della forra che scende dal Gran Cir, seguendo prima un sentiero segnalato e passando poi per prati pietrosi. Nella forra si sale ripidamente, poi a destra su terreno coperto (assicurato) fino al fianco sud. Al pendio si sale a zig zag fino alla vetta del **Gran Cir 02** con grande croce (attenzione: le rocce sono scivolose, il tratto è in parte assicurato).
Discesa: Unicamente lungo la via della salita!

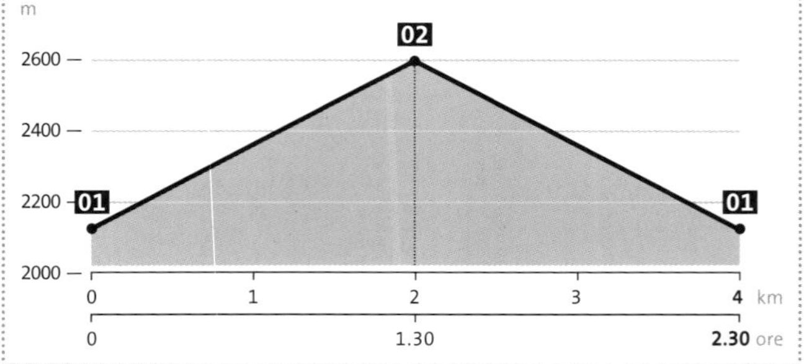

01 Passo Gardena, 2121 m; **02** Gran Cir, 2592 m

Piccoli grandi scalatori in alto sopra il Passo Gardena, la salita verso il Gran Cir.

PITLA CIR

Solo per scalatori!

3 km | 2.15 ore | 399 m | 399 m | 624

PARTENZA | Passo Gardena (2121 m), strada del passo tra Gardena e Alta Badia, 10 km partendo da Corvara.
[GPS: UTM Zona 32 x: 715.304 m y: 5.158.972 m]
CARATTERISTICHE | Via ferrata corta ma difficile; Ganci di sicurezza rinnovati qualche anno fa. Attenzione a non staccare i sassi con i piedi durante la discesa! Solo con kit da arrampicata.

Sul lungo dorsale a forma di drago delle Cime Rosse e del Cir che s'innalza a nord sopra i Passo Gardena, il Pitla Cir è solo uno su tanti denti rocciosi. E per quanto riguarda la benevolenza del pubblico, il "piccolo" (Pitla) si trova nell'ombra del Gran Cir: meno alto e più difficile da scalare. Per il ripido fianco sud conduce una via ferrata molto corta ma anche abbastanza difficile – una meta ideale soprattutto per principianti di vie ferrate. Questo è il posto giusto (solo accompagnati da "ferratisti" molto esperti) per un test attitudinale, come usare l'attrezzatura e se si soffre di vertigini.
Chi padroneggia il Pitla Cir senza problemi, ha in seguito l'occasione di tentare la famosa "Via Ferrata Pisciadù" (gita 44).

L'impianto della **funivia Dantercëpies** (2298 m) **02** è la prima meta (intermedia) lungo la strada dal **Passo Gardena** (2121 m) **01** alla vetta. Si sale per prati fioriti oppure per una stradina sabbiosa o lungo un sentiero più a sinistra. Dietro all'impianto (tabellone) si sale a zig zag per un crinale erboso, poi

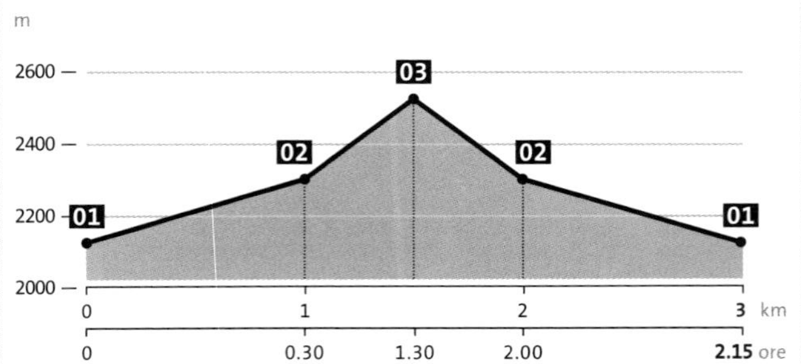

01 Passo Gardena, 2121 m; **02** Impianto Dantercëpies, 2298 m; **03** Pitla Cir, 2520 m

fino allo sbocco del canale roccioso. Lo si attraversa fino a quando i segnavia rossi conducono a destra verso uno spuntone di roccia. Qui inizia il tratto attrezzato. Si parte con una scala corta, grosse funi conducono poi al piede della parete. In parte molto esposta. Sbocca in un largo crinale di detriti, una traccia ben calpestata conduce verso la vetta rocciosa. Il sentiero è ben assicurato (fune metallica, ganci di ferro), l'ultimo tratto verso il punto più alto del **Pitla Cir** 03 è molto ripido.

Discesa: Si ritorna ai piedi della roccia di vetta, poi a sinistra verso la forcella (sentiero assicurato) prima della quarta cima. Si scende quindi su lato sud per una forra di detriti. **Attenzione** a non staccare i sassi con i piedi, soprattutto

se ci sono anche altri scalatori! Una bella traccia conduce allo sbocco della forra verso destra, intorno a un angolo roccioso fino all'ingresso della via ferrata e alla **funivia 02**. Lungo la via di andata si scende fino al **Passo Gardena 01** – oppure ai piedi del Gran Gir (gita 41).

Difficili tratti esposti alla vetta della Piccola Cima Cir.

RIFUGIO PISCIADÙ

Canaloni e terrazzi del Sella

8 km | 4.15 ore | 464 m | 945 m | 624

PARTENZA | Passo Gardena (2121 m), strada del passo tra Gardena e Alta Badia, 10 km partendo da Corvara.
[GPS: UTM Zona 32 x: 715.304 m y: 5.158.972 m]
CARATTERISTICHE | Itinerario impegnativo, tratti assicurati sia in salita che in discesa. Nella Val Setùs resti di neve anche in tarda estate, bastoni a telescopio vantaggiosi.

Il Rifugio Pisciadù: più che centenario.

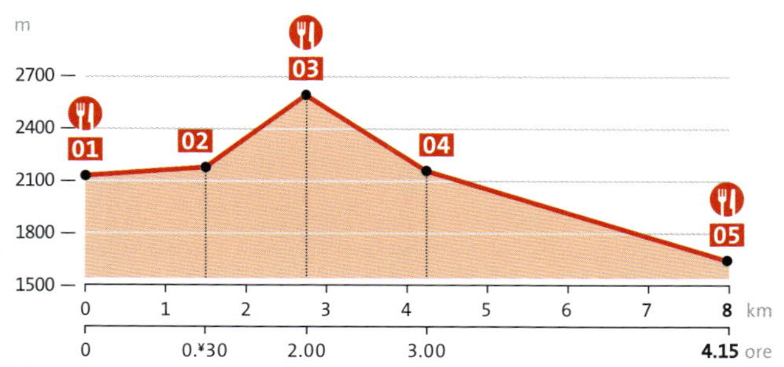

01 Passo Gardena, 2121 m; 02 Ingresso Val Setùs, 2170 m; 03 Rifugio Pisciadù, 2585 m; 04 Val de Mezdì, 2151 m; 05 Colfosco, 1640 m

Durante l'arrivo per la strada a serpentine del Passo Gardena si vedono quasi tutti i tratti dell'itinerario sul Sella: il vallone della Val de Mezdì, cha va attraversata, le massicce rocce circolari sulle quali si trova il Rifugio Piscidù ed infine la Val Setùs, la via di salita. Lungo questo percorso verso il rifugio si può osservare perfettamente la costruzione a due piani del massiccio del Sella: sotto la dolomite di scogliera, sopra la dolomite principale, in mezzo gli strati triassici che formano il grande anello circolare.

▶ La gita inizia con la breve ma ripida salita dal **Passo Gardena** (2121 m) **01** al dosso erboso del Col de Frea (2234 m). Il sentiero attraversa sotto le rocce del Sas dla Luesa dolcemente fino all'ingresso della **Val Setùs** (2170 m) **02**, dove sbocca l'accesso diretto dalla strada del passo. Si sale a zig zag

verso destra, lungo la bella traccia attraverso il valcanalone fiancheggiato da rocce, fino al grande terrazzo (il sentiero è assicurato).
Veduta grandiosa sulla Cima Pisciadù (2985 m), ai piedi del lato nord si trova il basso Lêch de Pisciadù, poco più in alto il **Rifugio Pisciadù** (2585 m) 03, costruito nel 1901 e con vista stupenda.
Discesa: Dapprima in direzione est verso un grande terrazzo, poi si scende ripidamente per il fianco a roccioso e gradinato della Val de Bosli (assicurato) fino alla **Val de Mezdì** (2151 m) 04. Le pareti grigie che vi circondano s'innalzano sempre più in alto verso il cielo. Si segue una traccia di detriti, poi su sentiero buono si esce dalla Val de Mezdì. Molto bella la veduta sul Sassongher (2665 m). Vicino al torrente si scende verso Plans. Si attraversa il Rü de Pisciadù, proseguendo lungo un sentiero largo fino a **Colfosco** (1640 m) 05.

VIA FERRATA PISCIADÙ

La numero uno!

4 km | 3.45 ore | 629 m | 629 m | 624

PARTENZA | Parcheggio (1956 m) lungo la strada del Passo Gardena (indicazioni per la via ferrata), circa 2 km prima del passo. [GPS: UTM Zona 32 x: 716.258 m y: 5.158.694 m]
CARATTERISTICHE | Via ferrata molto frequentata, accesso alla parete e primo tratto di difficoltà media, seconda parte (dopo possibilità di uscita dalla parete) decisamente più ripida e esposta. Coda all'inizio della via ferrata soprattutto nei weekend – per favore non perdere la pazienza con i principianti! Invece di tornare per la Val Setùs si può anche scendere per la Val de Mezdì, tornando poi per il sentiero segnato in rosso che taglia il pendio.

Se esistesse una hit-parade delle vie ferrate delle Dolomiti, allora la "Pisciadù" sarebbe in cima alla lista. Ma chi si stupisce: breve salita, 500 m di dislivello assicurati, davanti ad uno scenario grandioso, nessuna difficoltà estrema, un'escursione perfetta e – last but not least! – in cima un bel rifugio che nel 2001 ha festeggiato il suo centesimo compleanno: il Rifugio Pisciadù. La ferrata non ha ancora raggiunto quest'avanzata età, perchè fu realizzata dalla Brigata alpina "Tridentina" negli anni 60. Inoltre: durante il viaggio di arrivo, tra i primi tornanti dietro a Colfosco, si apre una bella veduta sul leggendario ponte sospeso della Torre Exner. La vista in alto causa sicuramente un'accelerazione del polso, alcune persone avranno anche una strana sensazione nello stomaco.

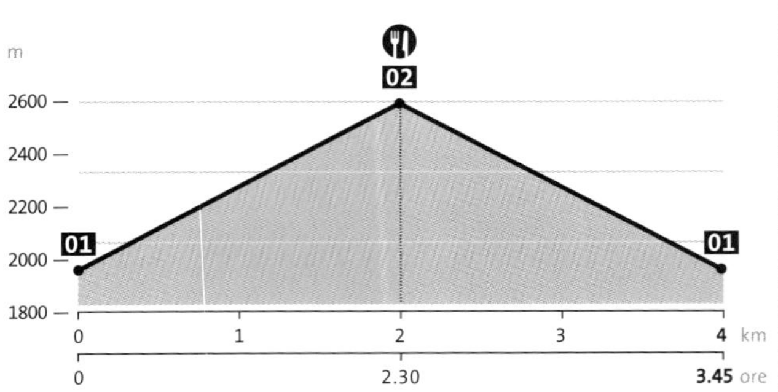

01 Parcheggio, 1956 m; 02 Rifugio Pisciadù, 2585 m

▶ Un tabellone al **parcheggio** (1956 m) **01** indica l'accesso. Dopo qualche minuto ci si trova ai piedi di una parete ripida e spesso umida, con un angolo d'inclinazione di circa 75 gradi. Il piacere "ferreo" puo' iniziare. La ferrata è assicurata per i primi 40 metri di dislivello con nuovi ganci, poi si prosegue normalmente.
Un bel sentiero (possibilità di uscita) conduce tra rocce dirupate e la parete nord del Mur del Pisciadù Occidentale con leggera discesa alla vera entrata della ferrata. Ora si sale su rocce a scalini ma sempre più ripide, singoli ganci di ferro offrono degli ulteriori punti di sicurezza. Poco sotto la Torre Exner (2586 m) l'itineraio si biforca.
A sinistra si giunge lungo un sentiero a zig zag al Rifugio Pisciadù, a destra a una verticale. Ganci di ferro e una scala corta assicurano l'itinerario esposto. Un attraversamento a sinistra conduce

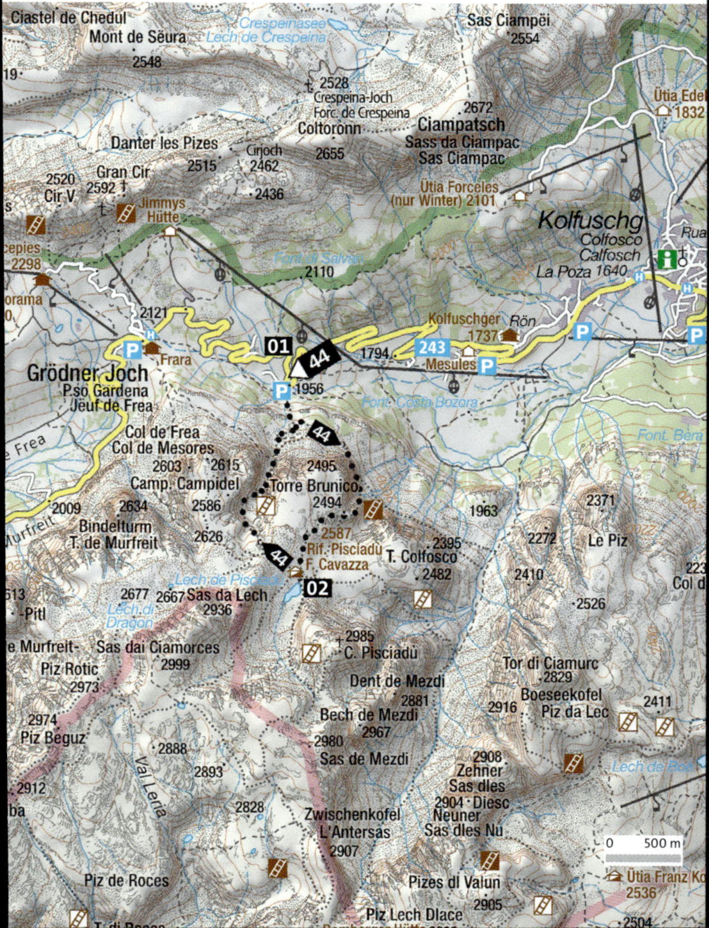

alla fine dell'itinerario, al famoso ponte sospeso nel retro della Torre Exner. Qui si apre una bella veduta in basso sulla strada a serpentina del Passo Gardena. Le ultime funi metalliche conducono per rocce poco difficili fino al terrazzo, sul quale si trova il **Rifugio Pisciadù** (2585 m) **02**.

Discesa: Dal rifugio verso ovest, salendo leggermente a un bivio sotto il crinale nord della Croda del Becco. Qui inizia la discesa verso la Val Setùs. Conduce prima per delle rocce, assicurato con funi metalliche. Poi per detriti tra rocce verticali, scendendo per un canalone. Allo sbocco non si prende a sinistra per il Passo Gardena, ma si va direttamente al **parcheggio** (1956 m) **01** lungo la strada al Passo Gardena.

La Via Ferrata Pisciadù: piuttosto esposta.

CIMA PISCIADÙ • 2985 m

Quasi un tremila

7.25 km | 5.30 ore | 1029 m | 1029 m | 624

PARTENZA | Parcheggio (1956 m) lungo la strada del Passo Gardena (indicazioni per la Via ferrata), 2 km prima del passo.
[GPS: UTM Zona 32 x: 716.258 m y: 5.158.694 m]
CARATTERISTICHE | Ascensione per esperti, attrezzata nella Val Setùs e nella Val de Tita, terreno difficile sul fianco meridionale della Cima Pisciadù.

Fa sicuramente parte dei rilievi principali del massiccio del Sella e il fatto che alla Cima Pisciadù (2985 m) mancano solo un paio di metri per arrivare ai tremila, non la rendono meno interessante. Dall'altopiano si apre una bella veduta su ben tre pareti della cima, un vero paradiso per gli scalatori. Soltanto sul lato sud si trova un accesso relativamente comodo. In alto si gode un panorama incredibile quando fa bel tempo, una vista stupenda sull'architettura complessa e singolare del Sella.

La gita in vetta inizia al **parcheggio** (1956 m) 01, sul lato est della strada del Passo Gardena. E quindi si parte! La grande conca della Val Setùs, fiancheggiata da ripide pareti rocciose, indica la direzione. Al suo ingresso s'incontra il sentiero che proviene dal Passo Gardena. Si sale sempre a zig zag. Nella parte superiore della gola si gira a sinistra, salendo poi lungo un sentiero assicurato fino al grande terrazzo. Vista incredibile sulla Cima Pisciadù, ai cui piedi si trova il basso Lêch de Pisciadù, molto vicino al **Rifugio Pisciadù** (2585 m) 02.

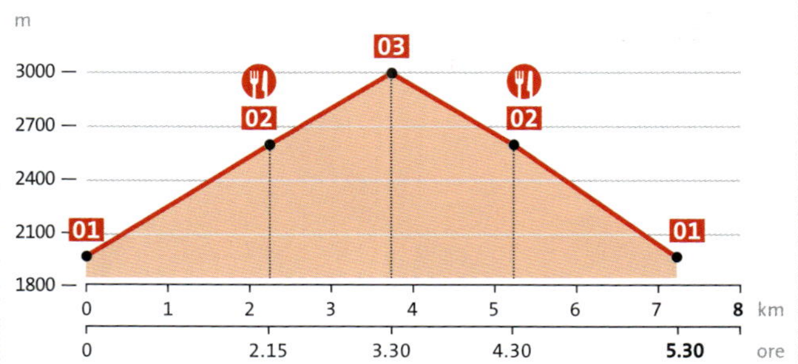

01 Parcheggio, 1956 m; 02 Rifugio Pisciadù, 2585 m; 03 Cima Pisciadù, 2985 m

Dal rifugio si scende brevemente verso il lago, poi lungo una traccia di detriti in salita, sotto la parete ovest della Cima Pisciadù. Si giunge all'entrata della Val de Tita, passando per degli scalini rocciosi. Il sentiero conduce in alto fino alla grande conca (2816 m) a sud della Cima Pisciadù.

Sulla vetta della Cima Pisciadù.

Qui a sinistra, lasciando il sentiero principale, verso la parete sud e poi a zig zag, lungo dei detriti, fino alla vetta della **Cima Pisciadù** 03.

Discesa: Vedi salita, dal Rifugio Pisciadù si può anche scendere per la Val de Mezdì.

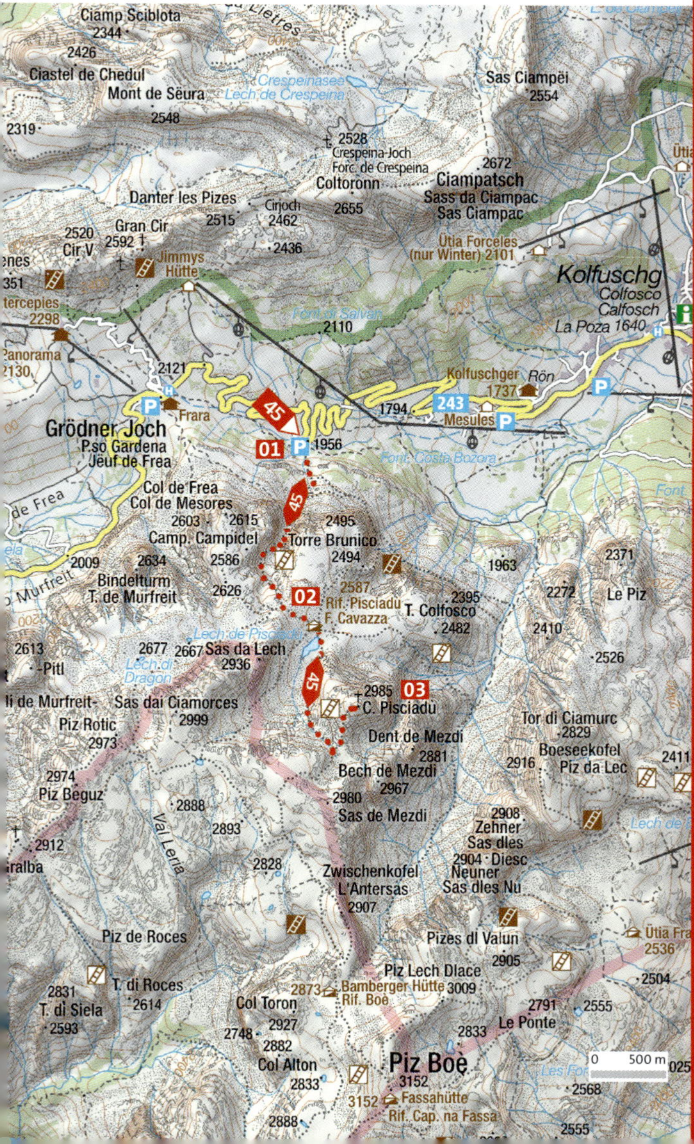

46

ATTRAVERSO L'ALTOPIANO DELLE MESULES

Il massiccio del Sella

10.75 km | 5.45 ore | 844 m | 1115 m | 624

PARTENZA | Passo Gardena (2121 m), strada tra Gardena e Alta Badia, 10 km partendo da Corvara.
[GPS: UTM Zona 32 x: 715.304 m y: 5.158.972 m]
CARATTERISTICHE | Itinerario molto impegnativo, sentieri in parte difficili, anche in tarda estate in parte resti di neve, nella Val Setùs e all'ingresso della Val de Tita alcuni sentieri assicurati. Passo sicuro ed esperienza sono indispensabili! Attenzione in caso di nebbia!

Questo attraversamento del massiccio del Sella è una delle gite più gratificanti in assoluto – anche senza scalare il Piz Boè (gita 47). Offre vedute veramente uniche di un paesaggio selvaggio di alta montagna, dove dominano gli angoli retti: in orizzontale o in verticale. Muri verticali – alcuni sembrano alti quanto il cielo – che danno l'impressione di essere in un Canyon. L'altopiano invece è totalmente diverso, pietroso e ostile, con carattere di deserto ma con un orizzonte infinito.

L'itinerario inizia con la breve ma ripida salita dal **Passo Gardena** (2121 m) 01 al dosso erboso del Col de Frea (2234 m). Il sentiero attraversa poi sotto la parete del Sas dla Luesa fino all'entrata nella **Val Setùs** (2170 m) 02, dove s'immette l'accesso diretto dalla strada del passo. A destra, su un sentiero ben tracciato, si attraver-

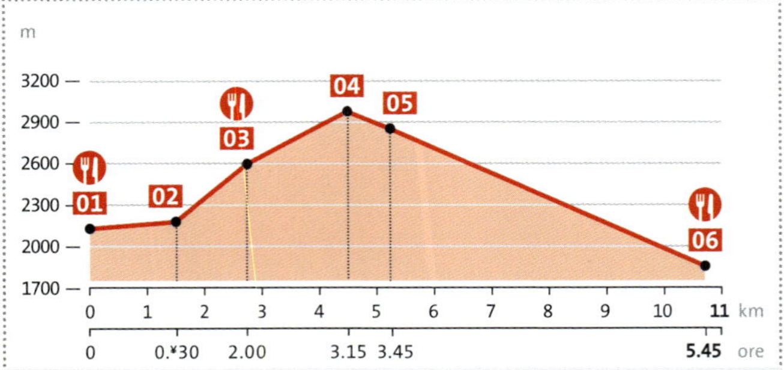

01 Passo Gardena, 2121 m; 02 Ingresso alle Val Setùs, 2170 m; 03 Rifugio Pisciadù, 2585 m; 04 Altopiano delle Mesules, 2965 m; 05 Bivio, 2839 m; 06 Pian Schiavaneis, 1850 m

Forc. de Crespeina
2672
Coltoronn
Ciampatsch
Sass da Ciampac
Sas Ciampac
Danter les Pizes
Cirjoch
2462
2655
2515
Sas dal Fuech
2023
2520
Cir V
Gran Cir
2592
2436
Utia Forceles
(nur Winter) 2101
Pizes Cuecenes
2224
2368
2351
Jimmys
Hütte
Dantercepies
2298
Font di Salvan
2110
Panorama
2130
2121
01
Kolfuschger
1737
Rön
2252
Bustac
46
Frara
1794
243
Mesules
Grödner Joch
P.so Gardena
Jeuf de Frea
1956
Font. Costa Bozora
Col de Frea
Col de Mesores
46
02
Sa Martin
Plans de Frea
2603
2615
2495
Camp. Campidel
Torre Brunico
Funt. Furcela
2009
2634
2586
2494
1963
Sela de Culac
2018
243
So Murfreit
Bindelturm
T. de Murfreit
2626
2587
Rif. Pisciadu
F. Cavazza
2395
T. Colfosco
2482
03
Lech de Pisciadu
2677
2667
Sas da Lech
2936
1982
2624
-Grant
2613
-Pitl
Lech di
Dragon
2985
C. Pisciadù
1902
Campanili de Murfreit-
Sas dai Ciamorces
2999
Tor d
Piz Rotic
2973
Dent de Mezdi
2881
z do Bugons
2916
2673
2974
Piz Beguz
46
Bech de Mezdi
2967
2691
2888
2980
04
Sas de Mezdi
2908
Zehner
Sas dles
Piz Miara
2964
2893
2912
Val Leria
2904
Diesc
Neuner
Sas dles Nu
Piz Gralba
2828
Zwischenkofel
L'Antersas
2972
05
2907
2684
Piz de Roces
Pizes dl Valun
2905
Piz Lech Dlace
3009
Piz Selva
2941
2831
T. di Roces
2614
2873
Bamberger Hütte
Rif. Boè
T. di Siela
2593
Col Toron
2927
2748
2882
2833
Le Ponte
2831
iz Ciavazes
as de Salei
2592
Col Alton
2833
Piz Boè
3152
3152
Fassahütte
Rif. Cap. na Fassa
Pela de Micel
2053
2888
242
2859
2809
46
Pta de Joel
2945
Sas de Pordoi
2952
Rif. Maria
2950
2848
Rif. Forc Pordoi
46
Alb. Schiavaneis
1850
Rif. Monti Pallidi
Larjei
06
Piccolo Pordoi
2670
2404
Maita Pradel
2229
Ossario del Pordoi
0
500 m
P.so Pordoi
2239
Maria
Prei de Pordou
Pont de Va
183
48
Savoia

sa la conca fiancheggiata da rocce alte, salendo poi a zig zag, in parte per detriti. Nella parte superiore della gola si continua a sinistra verso le rocce, assicurate con funi metalliche, fino a raggiungere poi il grande terrazzo. Bellissima veduta sulla Cima Pisciadù (2985 m), ai cui piedi si trova il basso Lêch de Pisciadù, poco più in alto si trova il **Rifugio Pisciadù** (2585 m) 03, costruito nel 1901.
Dal rifugio si scende verso il lago, poi sotto la verticale parete ovest della Cima Pisciadù, salendo per detriti. Si giunge all'ingresso della Val de Tita, passando per scalini rocciosi assicurati. Il sentiero sale attraverso terreno pietroso fino alla conca (2816 m) a sud della Cima Pisciadù. Qui a destra per un ripido canalone (neve) e attraverso un fianco mal percorribile fino al bordo dell'**Altopiano delle Mesules** (2965 m) 04: paesaggio lunare.
Discesa: Si scende per detriti e piccoli gradini rocciosi prima in direzione sud, poi fino al **bivio** (2839 m) 05 prima dell'Antersas. A sinistra – solo a pochi passi dal sentiero – l'altopiano scende ripidamente verso la Valle de Mezdì. Il sentiero conduce a destra prima in piano, poi ripidamente in basso fino al centro della Val Lastiès. Si scende al Plan de Roces, in mezzo a irte pareti. Dopo una seconda parte ripida, al Plan de Siela, il sentiero si biforca (2283 m). Si scende lungo una strada di tornanti, infine per il bosco, fino al **Pian Schiavaneis** (1850 m) 06 con possibilità di sosta e fermata autobus.

Un deserto di pietre nel cuore delle Dolomiti: l'altopiano del Sella.

PIZ BOÈ

La vetta più alta del Sella

12.5 km | 6.45 ore | 1125 m | 1007 m | 624

PARTENZA | Passo Gardena (2121 m), strada tra Gardena e Alta Badia, 10 km partendo da Corvara.
[GPS: UTM Zona 32 x: 715.304 m y: 5.158.972 m]
CARATTERISTICHE | Attraversamento generoso (nord-sud) dell'intero massiccio del Sella, passo sicuro, buone condizioni fisiche ed esperienza di montanga sono indispensabili. Alcuni tratti assicurati, in parte neve nei canali ombrosi. Dal Sas Prodoi (2952 m; 20 min di salita dalla Forcella Pordoi) si può anche scendere lungo la spessa fune metallica fino al Passo Pordoi.

Chi vuole fare una gita fuori dal normale, combina l'attraversamento del massiccio del Sella con la scalata della cima più alta, una gita fantastica, che però offre poca pace lungo l'itinerario in caso di bel tempo. L'impianto Sass-Pordoi è troppo vicino e il fatto che alla vetta – di fianco all'enorme riflettore – si trovi il rifugio, non diminuisce il flusso di turisti. Pratico: in caso di maltempo si giunge dal Rifugo Boè direttamente alla Forcella Pordoi.

▶ La gita inizia con la corta ma ripida salita dal **Passo Gardena** (2121 m) **01** al dosso erboso del Col de Frea (2234 m). Il sentiero prosegue in seguito sotto le rocce

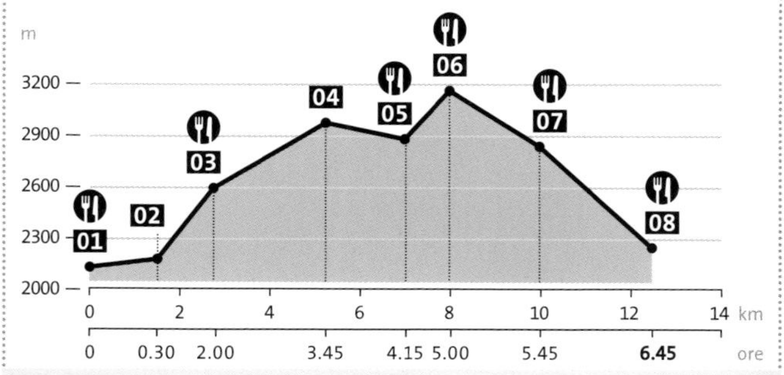

01 Passo Gardena, 2121 m; **02** Ingresso alla Val Setùs, 2170 m; **03** Rifugio Pisciadù, 2585 m; **04** Altopiano delle Mesules, 2965 m; **05** Rifugio Boè, 2873 m; **06** Piz Boè, 3152 m; **07** Forcella Pordoi, 2848 m; **08** Passo Pordoi, 2239 m

del Sas dla Luesa fino all'ingresso della **Val Setùs** (2170 m) **02**, dove dalla strada del passo immette all'accesso diretto. A destra si sale a zig zag per la conca affiancata da rocce, in parte si sale per detriti. Nella parte superiore della gola si devia a sinistra verso le rocce, poi – assicurati – fino al grande terrazzo. Ottima vista sulla Cima Pisciadù (2985 m), ai suoi piedi si trova il basso Lêch de Pisciadù, poco più in alto il **Rifugio Pisciadù** (2585 m) **03**, costruito nel 1901.
Dal rifugio si scende verso il lago, poi sotto la verticale parete ovest della Cima Pisciadù, salendo per detriti. Si giunge all'ingresso della Val de Tita, passando per scalini rocciosi assicurati. Il sentiero sale attraverso terreno pietroso fino alla conca (2816 m) a sud della Cima Pisciadù. Qui a destra per un ripido canalonee (neve) e attraverso un fianco mal percorribile fino al bordo dell'**Altopiano delle Mesules** (2965 m) **04**: paesaggio lunare. È possibile attraversare la cima di mezzo oppure – più interessante ma abbastanza esposto (funi metalliche) – aggirarla verso ovest.
Al **Rifugio Boè** (2871 m) **05** inizia l'ultimo tratto verso la vetta: prima per detriti fino ad uno spuntone di roccia (assicurato), poi si prosegue fino al fianco ovest, infine al **Piz Boè** **06** con il Rifugio Capanna Fassa (3152 m) ed una vista stupenda che va oltre le Dolomiti.
Discesa: Si scende per i gradini rocciosi del crinale a sud-ovest, poi per lastre di roccia e detriti fino alla **Forcella Pordoi** (2829 m) **07** con l'omonimo rifugio. Fuori dalla forcella prima per terreno molto instabile, poi a zig zag tra le rocce in basso e per prati fino al **Passo Pordoi** (2239 m; autobus) **08**.

Sulla vetta del Piz Boè.

Pizes Cuecenes
Cir V.
Jimmys Hütte
Utia Forceles (nur Winter) 2101
Dantercepies 2298
Font. di Salvan
Panorama 2130
Bustac
Kolfuschger Rön 1737
Mesules
Grödner Joch
P.so Gardena
Jëuf de Frea
Frara
Font. Costa Bozora
Col de Frea
Col de Mesores
Plans de Frea
Funt. Furcela
Camp. Campidel
Torre Brunico
Bindelturm
T. de Murfreit
So Murfreit
Sela de Culac
Rif. Pisciadù
F. Cavazza
T. Colfosco
Lech de Pisciadù
Sas da Lech
Lech di Dragon
Grant
Pitl
C. Pisciadù
Campanili de Murfreit
Sas dai Ciamorces
Piz Rotic
Dent de Mezdi
Tor di Ciamp
Bugons
Bech de Mezdi
Piz Beguz
Sas de Mezdi
Piz Miara
Val Lëria
Zehner
Sas dles Diesc
Neuner
Sas dles Nu
Piz Gralba
Zwischenkofel
L'Antersas
Piz de Roces
Pizes dl Valun
Piz Selva
T. di Roces
Piz Lech Dlace
Bamberger Hütte
Rif. Boè
Col Toron
T. di Siela
Le Ponte
Ciavazes
de Salei
Col Alton
Piz Boè
Pela de Micel
Fassahütte
Rif. Cap. na Fassa
Casc.
Sas de Pordoi
P.ta de Joel
Alb. Schiavaneis
Rif. Maria
Rif. Forc Pordoi
Rif. Monti Pallidi
Larjel
Piccolo Pordoi
Pradel
Ossario del Pordoi
P.so Pordoi
Pont de Vauz
Maria
Prei de Pordou
Savoia
Fodom
Alb. Pordoi
Cristiania
Ciampolin
Lezuo
Sas Becè
El Brodol
Pecol
Rif. Tita Piaz
0 500 m
01
02
03
04
05
06
07
08
47
V47
243
48

48

PIZ DA LÊCH

Breve itinerario a un meraviglioso punto panoramico

4.25 km | 2.45 ore | 395 m | 719 m | 624

PARTENZA | Impianto Vallon (2518 m) al bordo della conca del Vallon; stazione a valle Corvara (1555 m), stazione di mezzo Crëp de Munt (2194 m). [GPS: UTM Zona 32 x: 718.572 m y: 5.156.025 m]
CARATTERISTICHE | Salita impegnativa, in parte difficile (detriti) con alcuni tratti assicurati.

Il Piz da Lêch (2913 m) è – come tante vette del Sella – una montagna con tanti volti diversi: ad ovest, nella Valle de Mezdì le pareti precipitano per 600 metri e anche a sud, alla conca del Vallon, pare inabbordabile. Se invece si guarda da Corvara in alto verso l'angolo portante del Sella, non si può non vedere il lato "debole": un crinale lungo e roccioso che inizia al Crëp de Munt, conducendo in diagonale alla vetta.
Ci sono brevi tratti rocciosi, fra l'altro una parete di otto metri, da superare senza problemi grazie a ganci di ferro. La ferrata della parete sud è molto più difficile (due scale esposte nella parte superiore: solo per esperti!).

Dall'**impianto del Vallon** (2518 m) 01 per un poggio di detriti ai piedi della parete sud-est del Piz da Lêch, dove il sentiero si biforca. Qui si sale ripidamente (fune metallica) fino al crinale est del massiccio, dove si arriva al sentiero che proviene dal Crëp de Munt. Si continua ripidamente: una scalata per una parete verticale di circa otto metri.
In seguito per qualche roccia poco impegnativa, poi per detriti fino

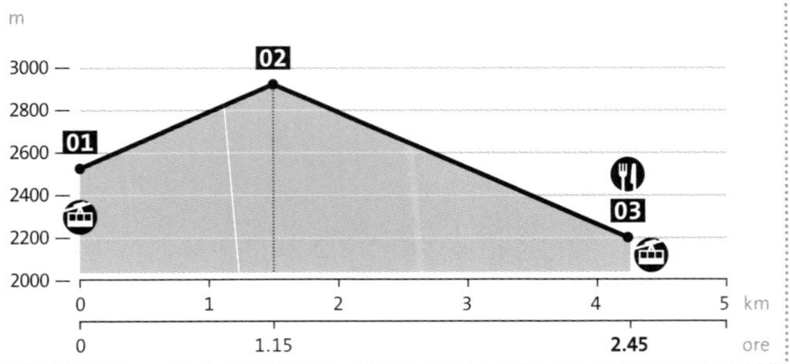

01 Impianto Vallon, 2518 m; 02 Piz da Lêch, 2913 m; 03 Crëp de Munt, 2194 m

a sotto la vetta e infine nuovamente in salita fino alla grande croce di ferro sul **Piz da Lêch**, (2916 m) **02**.

Discesa: Vedi salita, tornando fino al bivio. Adesso sempre diritto, seguendo il segnavia bianco-rosso, sentiero in parte assicurato.

Uscendo dalla forcella di un camino, si apre improvvisamente una bella veduta in basso sul quasi rotondo Lago Boè (2250 m). L'itinerario scende poco più avanti per rocce a forma di scalini (assicurati), verso sinistra.

Infine si aggira a nord il poggio del crinale senza nome (2386 m), proseguendo in pianura fino all'impianto del **Crëp de Munt** (2194 m) **03**.

Una grande croce corona la vetta del Piz da Lêch.

VIA FERRATA LICHTENFELS E PIZ BOÈ

Salita interessante alla vetta più alta del Sella

7.75 km 4.15 ore 670 m 670 m 51, 624

PARTENZA | Impianto Vallon (2518 m) al bordo della conca del Vallon, stazione a valle Corvara (1555 m), stazione di mezzo Crëp de Munt (2194 m). [GPS: UTM Zona 32 x: 718.572 m y: 5.156.025 m]
CARATTERISTICHE | Salita impegnativa; lungo la via ferrata Lichtenfels alcuni tratti assicurati, resti di neve in prima estate (bastoni, eventualmente ramponi). Solo con il bel tempo, pericolo di temporali in estate!

Tante vie portano a Roma – e alcune anche al Piz Boè (3152 m), tetto e ombelico del massiccio del Sella. Nel suo triangolo di vette culminano cinque vie ferrate. La più breve arriva dall'impianto Pordoi – praticamente a due passi di distanza e quindi molto frequentata. Le salite dalla Val Lasties, dal Passo Gardena (gita 47) e dalla conca del Vallon, sono molto più lunghe. Da Corvara si giunge comodamente al Vallon usando l'impianto, restano quindii 600 m di dislivello ossia quasi tre ore lungo la ferrata "Lichtenfels" che non è né sentiero né vera via ferrata, ma una salita, in parte attrezzata, tracciata circa 100 anni fa, con belle vedute sul massiccio del Sella.

Lungo il sentiero verso il Piz Boè si oltrepassa il Piz Lêch Dlace (3009 m) e lo "stretto crinale" Cresta Strenta. Arrivati in cima, sotto il brutto riflettore, si apre – con un po' di fortuna – una stupenda vista. Dall'**im-**

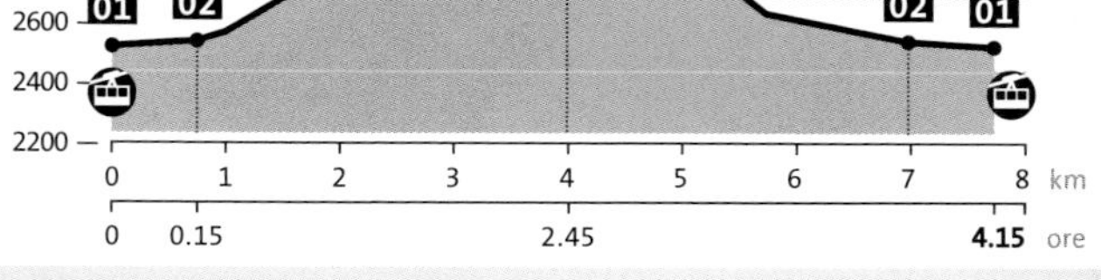

01 Impianto Vallon, 2518 m; 02 Rifugio Franz Kostner, 2536 m;
03 Piz Boè, 3152 m

pianto Vallon (2518 m) **01** si cammina dapprima verso il **Rifugio Franz Kostner** (2536 m) **02** che si trova in una bellissima posizione.
Dietro la casa si scende leggermente, poi si risale per detriti verso il selvaggio angolo sotto le Pizes dl Valun. Funi metalliche aiutano ad attraversare gli scalini rocciosi. Si prosegue a sinistra fino al terrazzo di detriti a nord del Ponte (2791 m).
Si sale in direzione Piz Lêch Dlace, passando dall'accesso alla "Ferrata Vallon", fino a giungere alla

Un canalone selvaggio: Val de Mezdì, in alto a sinistra la Cima Pisciadù.

vetta (piccole tratte da scalare). Ora lungo la Cresta Strenta, in parte assicurata, fino alla Forcella dai Ciamorces (3110 m) e infine alla vetta del **Piz Boè** (3152 m) **03** con il Rifugio Capanna Fassa.
Per la **discesa** si sceglie il sentiero segnato che attraversa il fianco orientale del Piz Boè fino all'anello circolare. Si oltrepassa lo specchio d'acqua del Lêch Dlacé (2833 m), in direzione nord-est sotto la vetta. Poi si ritorna lungo l'itinerario d'alta montagna fino al **Rifugio Franz Kostner 02**, indi all'**impianto Vallon 01**.

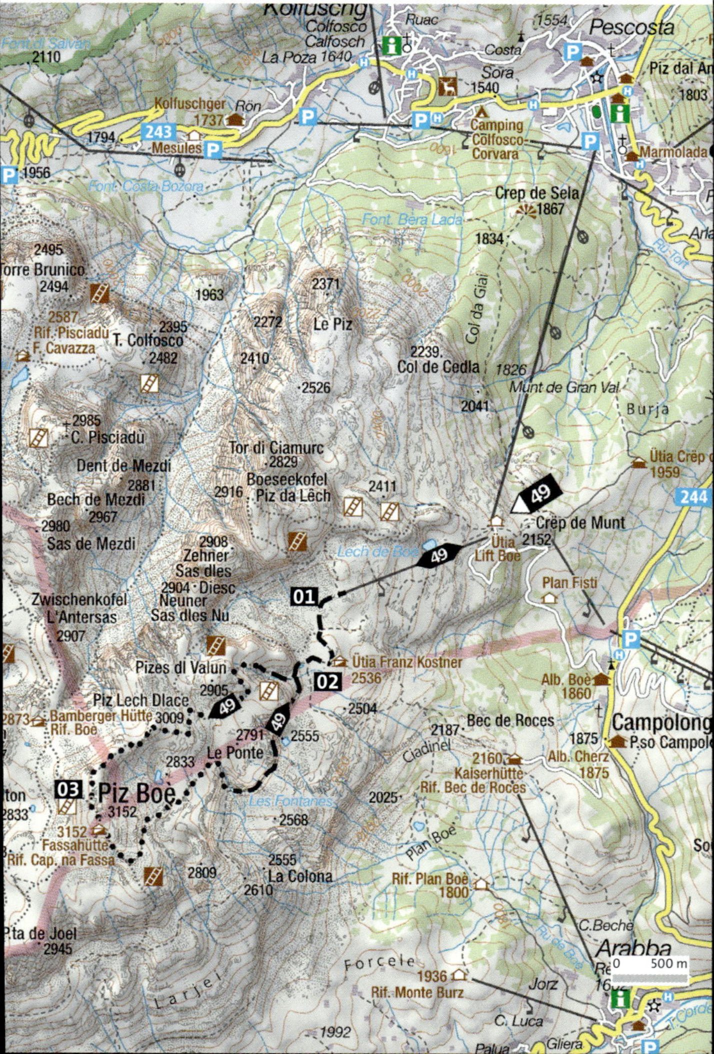

L' ANELLO DEL SELLA

Alta Via per eccellenza

7.5 km | 3.00 ore | 341 m | 62 m | 624

PARTENZA | Passo Pordoi (2239 m), passaggio dalla Val di Fassa alla Val Cordévole – vallata lungo la "Grande strada delle Dolomiti". [GPS: UTM Zona 32 x: 715.880 m y: 5.152.060 m]
CARATTERISTICHE | Itinerario poco impegnativo con bella vista sul grande terrazzo del Sella; anche in combinazione con una scalata al Piz Boè (gita 49).

Guardare e godere facendo poca fatica. Facile da fare lungo il sentiero circolare del Sella: un'ora in salita, poi una bellissima veduta. Attrazione principale è naturalmente la Marmolada (3343 m), i campi di firn sono un affascinante contrasto con la scura roccia vulcanica del Bech da Mesdì. A sud-est si trovano altre due cime alte delle Dolomiti, il Civetta con le sue ali rocciose e il Pelmo, un monolite di roccia.
E in basso, nella vallata, serpeggia la strada del Passo Pardoi che dal passo conduce alla Valle di Cordèvole.

Dal **Passo Pordoi** (2239 m) **01** si segue il sentiero che conduce alla Forcella Pordoi, che aggira il dosso erboso del Monte Forca (2356 m) per poi salire a sinistra verso una zona di ammassi detritici franati. Le pareti rocciose del Sas Pordoi (2952 m) si avvicinano sempre di più e sopra le teste degli escursionisti si sente il ronzio della funivia (a intervalli di trenta minuti) – alternativa con discesa sull'Alta Via. Il sentiero sale a zig zag per

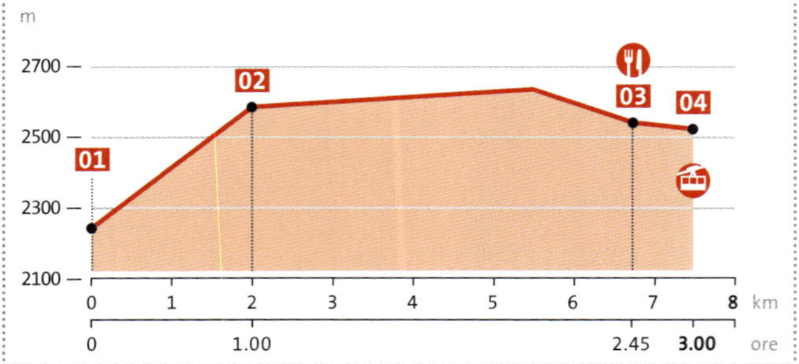

01 Passo Pordoi, 2239 m; **02** Bivio, 2580 m; **03** Rifugio Franz Kostner, 2536 m; **04** Impianto Vallon, 2518 m

Frara
Gardena
Col de Frea
Col de Mesores
2603
2615
Camp. Campidel
2495
Torre Brunico
2494
2634
2586
2626
1794
243
Mesules
1737
1956
Font. Costa Bozora
Camping
Colfosco
Corvara
Font. Bera Lada
1834
2587
Rif. Pisciadù
F. Cavazza
T. Colfosco
2395
2482
1963
2272
2371
Le Piz
2410
2526
2239
Col de Cedla
Col da Giai
2041
Lech de Pisciadù
2677
2667
Sas da Lech
2936
Lech di Dragon
2985
C. Pisciadù
Sas dai Ciamorces
2999
Dent de Mezdi
2881
Bech de Mezdi
2967
2980
Sas de Mezdi
Tor di Ciamurc
2829
Boeseekofel
Piz da Lêch
2916
2411
2888
2893
Val Lería
2908
Zehner
Sas dles
2904
Diesc
Neuner
Sas dles Nu
Lech de Boè
Utia
Lift Boè
50
04
2828
Zwischenkofel
L'Antersas
2907
Utia Franz Kostner
2536
03
Pizes dl Valun
2905
Piz Lech Dlace
3009
2504
T. di Roces
2614
Col Toron
2873
Bamberger Hütte
Rif. Boè
2791
2555
2187
Bec de R
2927
2748
2882
2833
Le Ponte
Ciadinel
2160
Kaiserhütte
Rif. Bec de Roces
Col Alton
2833
Piz Boè
3152
50
Les Fontanes
2025
2568
3152
Fassahütte
2888
Rif. Cap. na Fassa
2859
2809
2555
La Colona
2610
Plan Boè
Rif. Plan Boè
1800
de Pordoi
2952
Maria
2950
2848
Rif. Forc Pordoi
P.ta de Joel
2945
Larjei
Forcele
1936
Rif. Monte Burz
02
50
Pordoi
1992
C. Lu
Palua
2404
Ossario del Pordoi
2229
Ru de Fontanes
48
P.so Pordoi
2239
Maria
Prei de Pordou
Pont de Vauz
1839
Bosch de la Viza
50
01
Savoia
Fodom
Plan de la Carpacia
Portad
Lezuo
Salere
Sas Bece
2534
Col de Cuch
Rif. Sass Beccei
2423
0
500 m
Sas da Ciapel
2557
Baita Belvedere
2338
Rif. Baita Fredarola
2388
Col del Cuc
2563
Rif. Viel dal Pan
2432
2415
Col de Paussa
La Forfesc
2585
Belvedere

detriti fino alla Forcella Pordoi. Qui si giunge a un **bivio** 02 (a circa 2580 m di altitudine), dove a destra devia l'Alta Via (segnavia). Il grande terrazzo di detriti che circonda l'intero gruppo del Sella, separa due rocce completamente diverse: sotto il calcare di scogliera, e sopra la dolomia principale. Altri strati intercalati proteggono le rocce sottostanti dall'erosione. La traccia prosegue senza gran dislivello, avvicinandosi in parte alle rocce verticali sul lato sinistro. Nella valletta di Joèl si oltrepassa il bivio della "Ferrata Piazzetta",

Rifugio Franz Kostner, Bech da Mesdì ed i ghiacciai della Marmolada.

un itinerario da pelle d'oca (solo per scalatori molto esperti!).
Sotto le rocce della Punta delle Fontane (2809 m) si devia verso il Gran Valacia, poco più avanti si prosegue a sinistra fino al Piz Boè (gita 49). Il sentiero circolare conduce intorno al Ponte (2791 m), oltrepassando un piccolo laghetto e salendo infine al **Rifugio Franz Kostner** (2536 m) 03 che invita ad una sosta rinfrancante. Per il terreno pietroso del Plan de Sas si giunge alla stazione a monte dell'**impianto Vallon** (2518 m) 04.

Affascinante: lo scenario roccioso della conca del Vallon.

TUTTO TRANNE CAMMINARE

Anche a sud della catena principale alpina non c'è nessuna garanzia per quanto riguarda il bel tempo. Ma una giornata di pioggia non deve per forza essere una giornata persa – la si può organizzare in modo positivo: rilassarsi o visitare un museo. Chissà, magari i muscoli sono offesi e quindi un po' di pace non nuoce. Magari la gita di ieri è stata tanto faticosa. Che ne direste di fare una piccola gita a Brunico o in Val Gardena? E la sera ci si lascia viziare in un bel ristorante...

I MIEI CONSIGLI PER...

Gli interessati alla cultura

L'entrata della Valle di Longiarù è incoronata dal castello di **San Martino in Badia**. Dietro ai suoi muri spessi si nasconde il **Museo Ladin**, molto interessante per quanto riguarda la storia e la cultura del piccolo popolo delle Dolomiti, informando sulle loro origini e la lingua. Il Museo Ladin è aperto dal 1°maggio a fine ottobre, da martedì (anche lunedì) a sabato, ore 10–17 (luglio/ agosto fino alle ore 18), domenica ore 14–18, da gennaio a fine marzo, da giovedì a sabato, ore 15–19.
www.museumladin.it

Il castello di Brunico.

Il museo a **San Cassiano** è dedicato a un "Ladino" già estinto da tanto tempo, l'**orso ladino** (vedi pagina 74).

Anche la città di **Brunico** – località principale della Val Pusteria – e di **San Lorenzo di Sebato** hanno tanto di cultura da offrire. Il **castello di Brunico** fu costruito dopo il 1250 come residenza vescovile e in seguito ingrandito più volte. Reinhold Messner presenta in questo museo i popoli di montagna dell'Asia, dell'America latina, dell'Africa e dell'Europa, la loro storia e cultura. Inoltre viene documentato l'influsso del turismo moderno. Le mura storiche e il battifredo fanno capire che anche il popolo altoatesino era – naturalmente! – un popolo di montagna: montagne alte tremila metri all'orizzonte e tanti masi sparsi. **Messner Mountain Museum Ripa**, aperto dalla seconda domenica di maggio fino al primo di novembre, ore 10–18, dal 27 dicembre al 25 aprile, ore 12–18 (chiuso il martedì).

Il passato rurale dell'Alto Adige torna a vivere nel **Museo degli usi e costumi a Teodone (Brunico)**: il museo fornisce un'idea della vita rurale dei tempi passati, fino al '600, con punto focale sul periodo dal 1750 al 1850. Questa vasta area presenta antichi edifici provenienti dalle di-

La Via Centrale a Brunico.

verse regioni dell'Alto Adige, arredati come ai vecchi tempi. Inoltre viene presentato il tipico e tradizionale artigianato della zona. Tanto divertimento anche per i bambini! Il ristorante del museo invita anche a fare una sosta, degustando diverse specialità altoatesine, ovviamente in un ambiente storico. Aperto dal 15° aprile a fine ottobre, Da martedì a sabato, dalle 10 alle 17; domenica dalle 14 alle 18.

San Lorenzo è un'antichissima area culturale, dimostrato fra l'altro dai resti di un convento di benedettine (oggi Schlosshotel Sonnenhof) e da nove sedi preistoriche. Lungo la via principale della Val Pusteria è stato riportato alla luce nel 1938/39 un insediamento romano – Sebatum. Il **Museo Mansio Sebatum** informa su quest'eredità antica. Un sentiero archeologico conduce verso ulteriori luoghi del ritrovamento dal periodo neolitico al Medioevo (tabelloni). Aperto da lunedì a venerdì dalle 9 alle 12 e dalle 15 alle 18, sabato dalle 9 alle 12, luglio/agosto dalle 9 alle 13 e dalle 15 alle 18.

Infine vale la pena visitare la chiesa parrocchiale con le sue due torri. La "Madonna del Grappolo" è un tesoro d'arte. Si tratta di una delle prime opere di Michael Pacher (ca. 1460), che originariamente faceva parte di un altare a portelle.

Buongustai

Il ristorante **Runchhof** offre la migliore cucina ladina sopra a Pedraces, con menù a più portate e sicuramente nessuno avrà poi più fame. Locale da raccomandare, è necessario prenotare: tel. 0471/83 97 96.

Ottima la cucina regionale anche nella **Fana Ladina** ("Padella ladina") a San Vigilio. Due sale, giardino tranquillo: Tel. 0474/50 11 75.

Il piccolo centro antico di Brunico si è trasformato in un paradiso di negozi. Lo speck migliore lo vende **Karl Bernardi** (Via Centrale, 36), i dolci più squisiti si trovano da **Acherer** (Via Centrale, 8). Fuori dall'antico centro si ha la possibilità di passeggiare o prendere un aperitivo lungo un bel viale.

Un ottimo indirizzo nei dintorni di Brunico è: **Gasthaus Oberraut** ad Amaten (chiuso il giovedì, Tel. 0474/55 99 77).

IMPIANTI, RIFUGI, RISTORANTI

Impianti regionali aperti in estate; stazioni a valle/a monte (altitudine/m)

Col Alt (seggiovia)
Corvara (1555)/Col Alt (1980)
Gita 36

Col Pradat (seggiovia)
Colfosco (1640)/Col Pradat (2038)
Gita 37

Crëp de Munt (cabina)
Corvara (1555)/Crëp de Mont (2194)
Gita 48, 49

Gerdenacia (seggiovia)
La Villa (1420)/Plan de Sponata (1750)
Gita 23, 24

Santa Croce (seggiovia)
Pedraces (1330)/Santa Croce (2015)
Gita 19, 20

Lagazuoi (funivia)
Passo di Falzarego (2105)/
Lagazuoi (2752)
Gita 30, 31

Piz la Ila (cabina)
La Villa (1420)/Piz la Ila (2078)
Gita 35

Vallon (seggiovia)
Crëp de Munt (2194)/
Vallon (2518)
Gita 48, 49

Rifugio/locale (altitudine/m) Tel./Accesso/Gita (numero)

Alpina (1720)
0471/84 94 18/San Cassiano/25–30

Bioch (2079)
329/591 40 08/Piz la Ila/35, 36

Boè (2871)
0471/84 73 03/Passo Gardena/24, 47

Sosta amata sull'altopiano Sennes: Fodara Vedla.

Crëp de Munt (2194)
349/357 44 35/Corvara/48–50

Edelweiß (1832)
0471/83 60 24/Colfosco/37–39

Fanes (2060)
0474/45 30 01/Pederü/8, 24

Fassa (3152)
0462/60 17 23/
Passo Gardena/Vallon/24, 47, 49

Forcella Pordoi (2829)
0462/76 75 00/Passo Pordoi/47

Fodara Vedla (1966)
348/358 853 74 71/Pederü/5–7

Fraina (2003)
0471/84 72 69/Piz la Ila/35, 36

Franz Kostner (2536)
0471/83 67 57/Corvara/Vallon/
24, 48–50

Gardenacia (2050)
0471/84 01 28/La Villa/22–24, 40

Göma (2036)
347/418 61 36/Passo delle Erbe/11

Malga Gran Fanes (2102)
349/317 20 61/Capanna Alpina/
24, 25, 27

Santa Croce (2045)
0471/83 98 74/Pedraces/18–20, 24

Lagazuoi (2752)
0436/86 73 03/Passo Falzarego/
24, 30, 31

Lavarella (2042)
0474/50 10 79/Pederü/8, 9, 24

Munt de Fornela (2067)
335/616 66 73/Passo delle Erbe/11, 12

Munt de Sénes (2176)
0474/50 13 11/Pederü/6

Pederü (1540)
0474/83 43 16/San Vigilio/5–9

Picio Pré (1989)
338/140 64 52/Furkel/3

Pisciadù (2585)
0471/83 62 92/Passo Gardena/
24, 43–47

Piz la Ila (2077)
0471/84 74 03/La Villa/35

Pralongia (2139)
0471/83 60 72/Piz la Ila/24, 35, 36

Puez (2475)
0471/79 53 65/Passo Gardena/23, 24,
39, 40

Rastner (1931)
0472/54 64 22/Rodeneck/3

Scotoni (1985)
0471/84 73 30/Capanna Alpina/
28, 29

Croda del Becco (2327)
0436/86 69 91/Pederü/7

Sennes (2116)
0474/64 63 55/Pederü/5–7

Starkenfeld-Campoforte (1936)
0472/67 15 65/Rodeneck/2

Valparola (2168)
0436/86 65 56/San Cassiano/
24, 32–35

LISTA DI PERNOTTAMENTO

€ Sotto a 30 EUR €€ 30 - 60 EUR €€€ oltre a 60 EUR
(per persona/camera doppia/incl. PC)

Corvara .... **CAP: 39033, Tel. +39(0)471**

Hotel Italia €€-€€€ Via Col Alt, 20, Tel. 836082, www.hotelitalia.bz.it
Hotel La Perla €€€ Strada Col Alt, 105, Tel. 831000, www.hotel-laperla.it
Hotel Col Alto €€€ Str. Col Alt, 9, Tel. 831100, www.colalto.it
Romantik Hotel Cappella €€€ Strada Pecei, 17, Tel. 836183, www.hotelcappella.com
Hotel Sassongher €€€ Strada Sassongher, 45, Tel. 836085, www.sassongher.it
Hotel Greif €€€ Strada Parüs, 15, Tel. 836101, www.hotelgreifcorvara.it
Hotel Marmolada €€€ Strada Col Alt, 80, Tel. 836139, www.marmolada.org
Hotel Costes €€€ Via Planac 17, Tel. 836220, www.costes.it
Hotel Arkadia €€-€€€ Strada Burjé, 11, Tel. 836043, www.hotelarkadia.it
Villa Eden €€€ Strada Col Alt, 47, Tel. 836041, www.villaeden.com
Berghotel Ladinia €€€ Via Pedecorvara, 10, Tel. 836010, www.berghotelladinia.it
Hotel Arlara €€€ Via Arlara, 28, Tel. 836146, www.arlara.com
B&B Garni Delta €€ Colfosco Via Roenn, 11, Tel. 836350, www.garnidelta.com

Colfosco .... **CAP: 39030, Tel. +39(0)471**

B&B Ciasa Sottara €€-€€€ Str. Sotdlijia, 47, Tel. 836400, www.garnidelta.com
Garni Ciasa Diamant €-€€ Str. Sora 1, Tel. 836244
Hotel Kolfuschgerhof €€€ Rönnstr. 7, Tel. 836188, www.kolfuschgerhof.com
Ciasa Iris €€ Str. Sotdlijia, 63, Tel. 836236, www.ciasairis.it
Hotel-Restaurant Jägerhof €€-€€€ Strada Val, 28, Tel. 836123, www.hoteljaegerhof.net
Garni Settsass €€ Str. Sorà, 11, Tel. 836006, www.garnisettsass.it
Hotel Belvedere €€€ Rönnstr. 8, Tel. 836355, www.belvederealtabadia.it
Pension Sellablick € Str. Pecëi 27, Tel. 836226

Lungiarü/Campill .... **CAP: 39030, Tel. +39(0)474**

Coristeles €€-€€€ Str. Ties 15, Tel. 590121, www.coristeles.it
Ciasa Medalghes €-€€€ Osti Vedl 163, Tel. 590140, www.ciasa-medalghes.it
Ciasa Elke €€ Via Frena 13, Tel. 590069, www.elke.it
Pension Odles €€ Seres - Mischi 23, Tel. 590108, www.odles.it
Hotel Sanvi €€ Longiarü 83, Tel. 590104, www.badia.it

La Fontana €-€€ Str. S. Lizia 52, Tel. 7026698, www.ladinia.it
App. Doleda € Str. S. Lizia 126, Tel. 847139, www.doleda.it

Pedraces.. CAP: 39036, Tel. +39(0)471

Hotel Serena €€-€€€ Str. Pedraces 32, Tel. 839664, www.hotel-serena.com
Hotel Miramonti €€-€€€ Streda Damez, 42, Tel. 839661, www.miramontihotel.it

Pedraces/Badia .... CAP: 39036, Tel. +39(0)471

Hotel Gran Ander €€€ Strada Runcac, 29, Tel. 839718, www.granander.it
Albergo San Leonardo S. A. s €€€ Strada San Linert, 23, Tel. 839742, www.albergo-sanleonardo.it
Sporthotel Teresa €€€ Strada Damez, 64, Tel. 839623, www.sporthotelteresa.com
Pension Runcac €€ Strada Runcac, 4, Tel. 839660, www.runcac.com
Pension La Müda €€ Strada La Muda, 13, Tel. 839698, www.lamuda.it
Gasthof Albergo Dolomia €€ Pedraces, 25, Tel. 839613, www.albergodolomia.it

San Cassiano.. CAP: 39030, Tel. +39(0)471

Hotel Störes €€€ Strada Plan, Tel. 849486, www.hotelstores.it
Hotel La Stüa €€-€€€ Strada Micurà de Ru, 31, Tel. 849456, www.hotel-lastua.it
Hotel Fanes €€€ Strada Pecëi, 19, Tel. 849470, www.hotelfanes.it
Rosa Alpina €€€ Strada Micurà de Ru, 20, Tel. 849500, www.rosalpina.it
Armentarola €€€ Prè de Vì, 12, Tel. 849522, www.armentarola.com
Hotel Conturines Posta €€-€€€ Strada Micurà de Ru, 59, Tel. 849464, www.conturines.it
Hotel Gran Ancei €€€ Srada Pre de Costa, Tel. 849540, www.granancei.com
Garni Jasmin €€ Plan Strasse, 11, Tel. 849544, www.garnijasmin.com
Hotel Diamant €€€ Strada Micurà de Ru, 29, Tel. 849499, www.hoteldiamant.com
Hotel Ciasa Salares €€€ Strada Pre de Vi, 31, Tel. 849445, www.siriolagroup.it

La Villa/Badia .... CAP: 39030, Tel. +39(0)471

Hotel la Villa €€€ Strada Boscdaplan, 176, Tel. 847035, www.hotel-lavilla.it
Hotel Christiania €€€ Strada Colz, 109, Tel. 847016, www.christiania.it
Hotel Ciasa Soleil €€€ Strada Colz, 81, Tel. 847174, www.ciasasoleil.it
Hotel Antines €€€ Strada Picenin, 18, Tel. 844234, www.hotelantines.it
Hotel Majun €€€ Strada Colz, 59, Tel. 847030, www.lamajun.it
Hotel Dolasilla di Frenademez Mirko Co. Sas €€€ Str. Rottonara 30, Tel. 847006, www.dolasilla.it

LOCALITÀ/UFFICI TURISTICI

Alta Badia
Associazione turistica AltaBadia, Col-Alt-Straße 36, I-39033 Corvara; Tel. 0471/83 61 76, info@altabadia.org, www.altabadia.org

Corvara (1555 m)
È il centro turistico dell'Alta Badia e lo si vede. Il nome Courera appare per la prima volta in un documento della fine del '200. Nel 1577 esistevano tuttavia già quindici masi. La piccola chiesa dedicata a Santa Caterina conserva un trittico del Basso Medioevo (1520 circa), ristrutturato nel passare degli anni. Altrimenti, tra alberghi e negozi, non si troveranno altri edifici storici. Il primo indirizzo del posto è il "Post-Zirm", costruito da Franz Kostner (1877-1968), a cui fu anche innalzato un monumento dal Club Alpino – un rifugio nel Sella.

Ufficio turistico
Col-Alt-Straße 36, I-39033 Corvara; Tel. 0471/83 61 76, corvara@altabadia.org

Il legno è il tipico materiale da costruzione della Val Badia.

Marebbe (1284 m)
Al contrario di San Vigilio, qui pare che il tempo si sia fermato: tanti edifici storici, vicoli stretti, case costruite fianco a fianco. Un idillio che contrasta con il “Funpark” intorno al Plan de Corones. Si vedono numerosi masi antichi, molto interessanti.

Colfosco (1645 m)
Il paese vicino a Corvara incanta soprattutto con la vista sulla parete nord del massiccio del Sella ed è un soggetto interessante con la chiesina in primo piano. Lungo la via principale ci sono quasi solo case nuove. Alcuni vecchi masi e fienili antichi si trovano all'ingresso della Valle Stella Alpina, a La Poza e Costa.

Ufficio turistico
Pecëistraße 2,
I-39030 Colfosco;
Tel. 0471/83 61 45,
colfosco@altabadia.org

Lüngiarü/Campill (1408 m)
Patria ladina nella Valle di Longiarù. Qui ci sono più contadini che albergatori, niente impianti di risalita, niente neve artificiale. Le “viles” sono esempi d'insediamenti rurali tradizionali (abitati formati da qualche maso) nel centro della valle (Seres, Miscì). Gli antichi mulini sono stati ristrutturati con cura (vedi gite 13 e 14).

Pedraces (1330 m)
È sede amministrativa di Badia e - come anche San Lorenzo (1365 m) – una località turistica molto frequentata. Il nome Badia risale all'appartenenza al convento benedettino Sonnenburg vicino a San Lorenzo. Già nel 1296 ci furono 73 masi, alcuni esistono ancora oggi. Soprattutto sul lato destro della vallata si scoprono antiche tenute. La chiesa parrocchiale di San Lorenzo è ritenuta un gioiello di architettura sacrale, di stile rococò, del famoso Franz Singer di Götzens/Austria con stucco stupendo e con eleganti dipinti di Matthäus Günther. L'ornamento più bello del piccolo santuario di Santa Croce (gita 18) – distante due ore da San Leonardo, sul bordo dei prati di Armentara – sono le ripide pareti del Sasso di Santa Croce: un complesso di arte e natura. Le origini della chiesa risalgono probabilmente a un eremitaggio del Basso Medioevo, la cui esistenza fu documentata per la prima volta nel 1485. La chiesina di adesso con il campanile laterale risale al '500: fu ingrandita nel 1852.

Ufficio turistico
Pedraces-Straße 29A,
I-39036 Badia;
Tel. 0471/83 96 95,
badia@altabadia.org

San Cassiano (1564 m)
Si trova in una bella posizione ai piedi del massiccio di Conturines. Il paese divenne famoso quando nel 1987 vennero scoperti gli scheletri dell'orso di caverna, estinto da tempo.
Ufficio turistico
Micurá de Rü 24,
I-39030 San Cassiano;
Tel. 0471/84 94 22,
s.cassiano@altabadia.org

San Martino in Badia (1127 m)
È un piccolo paese nella bassa Val Badia, dominato dal castello del luogo, il cui nucleo è medioevale. Nel '300 e '400 ricevette il suo aspetto odierno ed ora ospita il „Museo Ladin“.

Associazione turistica
Torstraße 18 C,
39030 San Martino in Badia;
Tel. 0474/52 31 75,
info@sanmartin.it,
www. sanmartin.it

San Vigilio (1193 m)
Ai piedi del Plan de Corones, è diventata una frequentata località turistica. Tra tutti gli edifici nuovi, la chiesa (un edificio in stile rococò del 1782) si trova un po' sperduta. Anche qui furono gli artisti Franz Singer e Matthäus Günther a decorare l'interno. L'affresco della cupola, davanti a un'architettura “affrescata”, è molto affascinante.

Ufficio turistico
Catarina-Lanz-Straße 14,
I-39030 San Vigilo;
Tel. 0474/50 10 37,
info@sanvigilio.com,
www.sanvigilio.it

La Villa (1420 m)
Il paese, in ladino La Ila, è situato dove il torrente di San Cassiano confluisce nel Rio Gadera. La vista sulla falange di Lavarella e Conturines è molto imponente – soprattutto di sera.

LOCALITÀ/UFFICI TURISTICI

Nel centro del paese, situato più in alto, si trova la chiesa gotica.
Poco più in basso si trova la dimora Rubatsch, un edificio cubico (oggi albergo). Nei dintorni, soprattutto a destra del Rio Gadera, ci sono alcuni bei masi ladini.
Ufficio turistico
Colzstraße 75,
I-39030 La Villa;
Tel. 0471/84 70 37,
lavilla@altabadia.org

Untermoi (1515 m)
È un piccolo villaggio turistico lungo la strada al Passo delle Erbe, dove non ci si può solo rilassare e camminare, ma anche fare dei bagni: il "Bauernbadl" è aperto dal 1820 e sicuramente uno dei "bagni" più originali delle Alpi. Ignaz Mader scrisse nel 1929: "Valdander rappresenta tutt'oggi l'antico tipo di bagno rurale, dove il "bagnino" stabiliva gli orari per fare il bagno. Chi faceva il bagno veniva coperto fino al collo con travi e coperte e dopo un certo tempo si vuotava la vasca. Soprattutto chi soffriva di reumatismi godeva di questa procedura, andando poi a letto a riposare per un'ora o due."
Il complesso di edifici storici con cappella e stabilimento balneare esiste ancora oggi. Il bagno (salutare) si fa ormai nel nuovo albergo adiacente.

Antica cascina ladina.

Castello feudale di un tempo, oggi museo: San Martino de Tor.

La Val/Wengen (1348 m)
Il paese fu menzionato per la prima volta a metà del '200 come Twenge ed è un tipico insediamento della Val Badia, senza un centro di grande importanza. Nel Basso Medioevo appartenne al convento Sonnenburg e nel 1295 contava già 41 masi.
Molto interessante, oltre ad alcune antiche cascine, è la piccola cappella dedicata a Santa Barbara. L'esterno è ornato con un affresco della crocifissione, opera della scuola di Pacher (fine '400).

Ufficio turistico
San Senese 1,
I-39030 La Val/Wengen;
Tel. 0471/84 30 72,
www.altabadia.org

ELENCO

Alpe di Rodengo.

diavoletto © www.fotolia.de

COLOPHON

1. edizione 2022 Codice editore 5739 ISBN 978-3-99121-549-3

Testi e Foto (se non indicato diversamente): Eugen E. Hüsler e Manfred Kostner

Immagine di copertina: Foto: © Eugen Hüsler.

Traduzione: Elisa Haid

Produzione grafica e Cartine geografiche: © KOMPASS-Karten GmbH
Base cartografica per cartine pagina 10–11, U4:
© MairDumont, D-73751 Ostfildern 4

Crediti di immagine: p. 190/191: © diavoletto – www.fotolia.de

La redazione ringrazia in anticipo per l'invio di eventuali correzioni o proposte di miglioramento al seguente indirizzo:

KOMPASS-Karten GmbH
Karl-Kapferer-Straße 5, A-6020 Innsbruck
www.kompass.de/kontakt

FSC
www.fsc.org
MIX
Papier aus verantwortungsvollen Quellen
FSC® C015829

Parler

1er groupe

INDICATIF

présent
je parle
tu parles
il parle
ns parlons
vs parlez
ils parlent

imparfait
je parlais
tu parlais
il parlait
ns parlions
vs parliez
ils parlaient

futur simple
je parlerai
tu parleras
il parlera
ns parlerons
vs parlerez
ils parleront

passé simple
je parlai
tu parlas
il parla
ns parlâmes
vs parlâtes
ils parlèrent

passé composé
j' ai parlé
tu as parlé
il a parlé
ns avons parlé
vs avez parlé
ils ont parlé

plus-que-parfait
j' avais parlé

futur antérieur
j' aurai parlé

passé antérieur
j' eus parlé

CONDITIONNEL

présent
je parlerais
tu parlerais
il parlerait
ns parlerions
vs parleriez
ils parleraient

passé
j' aurais parlé
tu aurais parlé
il aurait parlé
ns aurions parlé
vs auriez parlé
ils auraient parlé

IMPÉRATIF

présent
parle
parlons
parlez

INFINITIF

présent
parler

SUBJONCTIF

présent
que je parle

imparfait
qu' il parlât

passé
que j' aie parlé

plus-que-parfait
que j' eusse parlé

PARTICIPE

présent
parlant

passé
parlé/ée, és/ées

Réussir

2e groupe

INDICATIF

présent
je réussis
tu réussis
il réussit
ns réussissons
vs réussissez
ils réussissent

imparfait
je réussissais
tu réussissais
il réussissait
ns réussissions
vs réussissiez
ils réussissaient

futur simple
je réussirai
tu réussiras
il réussira
ns réussirons
vs réussirez
ils réussiront

passé simple
je réussis
tu réussis
il réussit
ns réussîmes
vs réussîtes
ils réussirent

passé composé
j' ai réussi
tu as réussi
il a réussi
ns avons réussi
vs avez réussi
ils ont réussi

plus-que-parfait
j' avais réussi

futur antérieur
j' aurai réussi

passé antérieur
j' eus réussi

CONDITIONNEL

présent
je réussirais
tu réussirais
il réussirait
ns réussirions
vs réussiriez
ils réussiraient

passé
j' aurais réussi
tu aurais réussi
il aurait réussi
ns aurions réussi
vs auriez réussi
ils auraient réussi

IMPÉRATIF

présent
réussis
réussissons
réussissez

INFINITIF

présent
réussir

SUBJONCTIF

présent
que je réussisse

imparfait
qu' il réussît

passé
que j' aie réussi

plus-que-parfait
que j' eusse réussi

PARTICIPE

présent
réussissant

passé
réussi/ie, is/ies

Aller

3e groupe

INDICATIF

présent	futur simple	passé composé
je vais	j' irai	je suis allé(e)
tu vas	tu iras	tu es allé(e)
il va	il ira	il est allé
ns allons	ns irons	ns sommes allé(e)s
vs allez	vs irez	vs êtes allé(e)s
ils vont	ils iront	ils sont allés

imparfait	passé simple	plus-que-parfait
j' allais	j' allai	j' étais allé(e)
tu allais	tu allas	**futur antérieur**
il allait	il alla	je serai allé(e)
ns allions	ns allâmes	**passé antérieur**
vs alliez	vs allâtes	je fus allé(e)
ils allaient	ils allèrent	

CONDITIONNEL

présent	passé
j' irais	je serais allé(e)
tu irais	tu serais allé(e)
il irait	il serait allé
ns irions	ns serions allé(e)s
vs iriez	vs seriez allé(e)s
ils iraient	ils seraient allés

IMPÉRATIF

présent
va
allons
allez

INFINITIF

présent
aller

SUBJONCTIF

présent	passé
que j' aille	que je sois allé(e)
imparfait	**plus-que-parfait**
qu' il allât	que je fusse allé(e)

PARTICIPE

présent
allant

passé
allé/ée, és/ées

Vouloir

3e groupe

INDICATIF

présent	futur simple	passé composé
je veux	je voudrai	j' ai voulu
tu veux	tu voudras	tu as voulu
il veut	il voudra	il a voulu
ns voulons	ns voudrons	ns avons voulu
vs voulez	vs voudrez	vs avez voulu
ils veulent	ils voudront	ils ont voulu

imparfait	passé simple	plus-que-parfait
je voulais	je voulus	j' avais voulu
tu voulais	tu voulus	**futur antérieur**
il voulait	il voulut	j' aurai voulu
ns voulions	ns voulûmes	**passé antérieur**
vs vouliez	vs voulûtes	j' eus voulu
ils voulaient	ils voulurent	

CONDITIONNEL

présent	passé
je voudrais	j' aurais voulu
tu voudrais	tu aurais voulu
il voudrait	il aurait voulu
ns voudrions	ns aurions voulu
vs voudriez	vs auriez voulu
ils voudraient	ils auraient voulu

IMPÉRATIF

présent
veuille/veux
veuillons/voulons
veuillez/voulez

INFINITIF

présent
vouloir

SUBJONCTIF

présent	passé
que je veuille	que j' aie voulu
imparfait	**plus-que-parfait**
qu' il voulût	que j' eusse voulu

PARTICIPE

présent
voulant

passé
voulu/ue, us/ues